バルト海のほとりの人びと

心の交流をもとめて

新装版

小野寺百合子
Onodera Yuriko

新評論

まえがき

私はダイヤモンド婚式をすませてから夫を見送ったが、それからちょうど一〇年になる。激動の日本にあって、しかも職業軍人の夫をもつ妻でありながら、この長い人生をほとんど離れることなく、二人三脚の旅を終えることのできたのは、何というありがたいことであったか分からない。私どもの人生は、終戦を境として、前半生と後半生とではまるで異なった世界に住んだのであったが、夫の前後七年間の海外勤務は前半生に属する。それがいつも妻帯同という勤めであったために、子どもを内地に残してまで、私は夫とともに出ていったのである。この時代を日本人として海外に暮らした経験がゆえに、後半生においても、私どもはよく似たものの考え方をするようになっていた。

四つの眼に写る日本と外国、とくに北欧との関係で、面白いと観たり、なるほどと感じたりした事柄は少なくなかったので、私はその都度短文に書いていろいろの方面に発表することにしていた。それが気づいたときにはたくさんたまり、内容があまりにも種々雑多だったので一度整理したいと思っていたが、容易に手がつけられないほどいろいろであった。

そこへ新評論の武市一幸氏が、ご親切にも助け船を出してくださって、数本の柱を立てて示された。そうしたら、まるで一本ずつの柱のもとに落ち葉が掃き寄せられるように短編が集まっていって、あれよあれよと見るうちに数本の柱は充実していった。武市氏にお礼をいう間もなく本の構想ができ上がってしまった。しかし、今の時点でいざ一冊の本にまとめる段階になると、あまりにもばらばらに書き散らしてあるし、時限を異にした原稿の寄せ集めであるので大きな作業が必要になった。合併したり削除したり、また訂正したりして、ようやく武市氏の立ててくださった柱になり、項目にしたがって各章ができ上がったときには、書き下ろしの体裁になってしまった。それでもまだ、時限的に矛盾が残っているかもしれない。体裁を整えるについても、また武市氏にはお世話になった。厚くお礼を申し上げる。

一九九七年　一一月

小野寺百合子

もくじ

バルト海沿岸地図

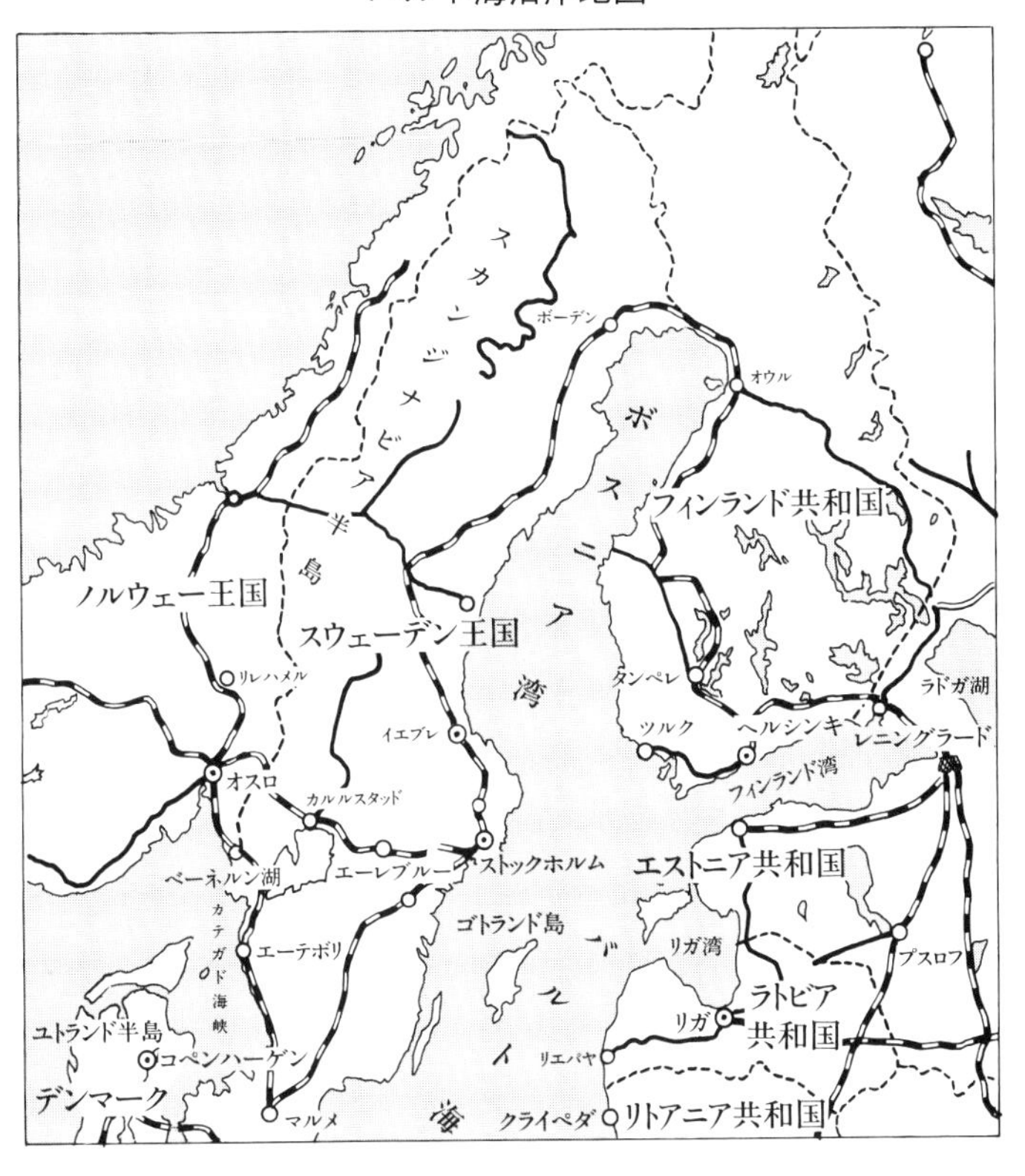
スカンジナビア半島
ボーデン
オウル
ボスニア湾
フィンランド共和国
ノルウェー王国
スウェーデン王国
リレハメル
タンペレ
ラドガ湖
イエブレ
ツルク
ヘルシンキ
レニングラード
オスロ
カルルスタッド
フィンランド湾
ベーネルン湖
エーレブルー
ストックホルム
エストニア共和国
ゴトランド島
カテガト海峡
エーテボリ
リガ湾
プスロフ
ラトビア共和国
リガ
ユトランド半島
コペンハーゲン
リエパヤ
バルト海
デンマーク
マルメ
クライペダ
リトアニア共和国

バルト海のほとりの人びと

——心の交流をもとめて——

第一章　トロッチック夫妻と瑞暉亭

一　ヘルマン・トロッチック

日本にかかわり合いのあるスウェーデン人というときには、明治以前に日本に渡来し、明治時代を完全に日本で生き抜いたトロッチック夫妻のことを忘れることはできない。

私が、ストックホルムでも東京でも、トロッチック家の家族から繰り返し聞かされた母娘三代にわたって語り継がれた物語というのがあったが、一家の誰一人その話に疑問をもつ人はなく、折りにふれて誇らしく発表もされていた。最近では、東京大学とストックホルム大学との学術共同研究（一九七九年発足）の一九八七年の共同シンポジウムでもこの物語は取り上げられ、一九八八年のストックホルム大学の日韓学部の学部長趙承福氏が発表した「伝統的思想と観念的機会」の論文中にも、私がこの家族から聞きおよんでいたままの物語が記述されていた。

トロッチック家に伝わる物語とは次の通りである。

ヘルマン・トロッチックは、祖父がストックホルム市長をしたほどの名門の出身であるが、どうしても船乗りになりたかった。彼が商船学校を卒業して、極東通いのイギリス船「イングランド号」の乗組員になって、極東へ向けてスウェーデンの海軍基地カールスクルーナを出発したのは一八五八年のことであった。そして、長崎に上陸したのが一八五九年、ペリーの黒船来航の六年後で、日本が二〇〇年もの長い間にわたって続けてきた鎖国を解いて、長崎を外国船に開港したばかりのときであった。彼は、船が長崎に停泊したとき、海から眺めた長崎の景色に魅せられて船を降りてしまって、長崎の貿易商社「アーノルド・グルーム」に勤めることとなったが、まもなくトーマス・グラバー〔一八三八～一九一一。イギリスの貿易商。長崎に残っているグラバー邸が観光地としても有名。〕の「グラバー商会」に移った。

当時の日本は、明治維新の前で、尊皇攘夷論が沸き立ち騒然とした時期であった。長州、薩摩、佐賀などの大藩は、グラバーなどの外国商社から盛んに武器、弾薬から軍艦までも購入した。長州藩の血気盛んな若者たちは、長崎まで出掛けていってはグラバー商会の外国人社員たちと仲よくなり、西欧の文化、学問、哲学などについて語り合った。そのうちの二人は、彼らから話を聞くだけでは飽き足らず、どうしても自分たち自身、ヨーロッパに渡って勉強したいと切望するようになって、その胸のうちを、トロッチックとその同僚であるイギリス人ロバート・ヒューーに打ち明けた。二人の外人は勇敢にも、この二人の日本青年の希望をかなえてやろうと決心した。当時はまだ、日本人の海外渡航は禁止されており、もし事が露見すれば当然死罪を覚悟しなければならない時代であったが、二人の外人は暗夜に乗じて日本青年を小舟に乗せ、出航間際のイギリス船に漕ぎつけ、二人を無事に乗船させた。船内で二人が発見されたときには、船はすでに日本の沿岸を遠く離れて、ヨーロッパへ向けて航行中だったという。この青年こそは、伊藤俊輔（のちの博文）と井上聞多（のちの馨）の二人だったのである。

この二人がロンドンから帰国したときには、世の中も変わっており、密航によるおとがめどころか、新知識を身につけて帰ってきた有為な人材として明治政府に登用されることとなった。のちに、伊藤が初代兵庫県知事に任命されたころの神戸はすでに開港されており、外国人居留地ができていたが、外国人と日本人役人との間のトラブルは絶えなかった。そのころ、トロッチックはグラバー商会の神戸支店に勤めていた。

伊藤はトロッチックを長崎時代の恩人として、居留地の警察官に取り立てた。その後、トロッチックは居留地警察署署長となって実績を積み、日本の役人として名誉ある一生を日本で終えた。

以上が、物語である。

彼は日本の役人として、その身を明治日本の発展過程の中に置きながら、日本が卓越した政治家たちに導かれて工業国へと発展していく様子を、その鋭い観察力をもって客観的に観察して大いに楽しんだ。また彼は、日本が西欧との共同作業をスタートさせるのを見守り、日本人の精神を把握し、日本国を心から賞賛した。

彼が死んだのは一九一九年（大正八年）で、神戸の外人墓地に葬られた。墓碑は戦災で一部損じたが、娘のイネツ・ステンベルイも孫のウメ・ラードブルフとガービー・コッホも、それぞれ墓参りに行ったことを私は知っている。

ヘルマン・トロッチックの墓

ウメ・ラードブルフとガービー・コッホ（左、著者）

二　イーダ・トロッチック

ヘルマンの妻イーダは、非常に明敏な積極的な女性であった。彼女のユニークさは、娘のころ、はるか遠くの日本に住む伯父のヘルマンの写真に恋して、ひいては日本の国に憧れ、ヘルマンの一時帰国のチャンスに三二歳も年上の彼と結婚したことである。スウェーデンの法律は、伯父と姪との間の結婚を許していないので二人はドイツのハンブルグに行って半年間住み、ドイツの市民権を得てドイツ教会で式を挙げた。そして、新婚旅行に長崎へと旅立ったのであった。ヘルマン五六歳、イーダ二四歳の一八八八年のことであった。一人娘のイネッツが生まれたのは一八九五年である。

イーダは日本のあらゆる文化に興味をもって学びとったが、中でも彼女がとくにマスターしたのは茶道と華道であった。茶道については、早くも一九一一年にストックホルムの出版社ボニエルからスウェーデン語の『チャノユ』を出しているし、またこ

イーダ・トロッチック

れに探険家のスウェン・ヘディン［一〇〇ページよりを参照］が序文を書いている。
茶道と華道の多くの免状は、帰国後、彼女が寄付した数々の茶道具や花器類とともにストックホルムの王立民族博物館に保存され、今も展示されている。もう一つ彼女を有名にしたのは蝶と蛾のコレクションで、長年にわたって彼女が丹念に採集した標本は、今はストックホルムの動物博物館に保存されている。中には、彼女が命名した「イネッツ」と「イーダ」という蝶がある。

私は第二次大戦中をストックホルムで暮らしたので、八〇歳を超えた美しいおばあさんのイーダと親しく付き合った。市の中心に近い品の良いアパートに、未亡人の娘イネッツと、当時まだ未婚の孫娘ウメとガービーといっしょに住んでいた。彼女はもうほとんど外出もしなかったので、たまたまストックホルムに住む一人の日本の女に日本に対する彼女の愛情を集中して注ぎ込んでくれたため、私は少しとまどったものである。

確か一九四三年の冬だと思うが、彼女は天寿をまっとうして永眠した。ハーガ葬儀場での葬式で、科学博物館館長ボック博士の弔辞は、日本をスウェーデンに紹介した個人の業績をたたえた感動的なものであった。私はその後、トロッチック夫妻についてもっと知りたいと思ってイネッツに問い合わせたところ、彼女の返事は意外にも、『チャノユ』以外には書いたものは何もないということであった。イーダの書き残したものはたくさんあったが、本人の遺言通りに、残らず棺に入れて火葬にしてしまったというのである。思わずうめき声を上げたほど私は残念に思った。トロッチック夫妻に関する記録は、明治日本の歴史の大切な一齣(ひとこま)であったのに……。葬儀場で彼女に永久の別れを告げたあの棺の中に、そんな貴重な文献が入っていたとは思いもよらないことであった。

夫の死後、イーダはしばらくはイネッツの嫁ぎ先であるガデリウス商会副支配人ステンベルィ方に身を寄せ、東京で暮らした。スウェーデンへ帰ってきてからは、イェーテボルイの茶商ルンドグレン方で日本の緑茶輸入に協力した。それから発展して、日本の茶室一棟をスウェーデンに建てる計画に尽力して、成功した。

三　瑞暉亭

初代の茶室「瑞暉亭」がストックホルムの王立民族博物館に寄贈されたのは、一九三五年（昭和一〇年）のことであった。寄贈者はときの王子製紙の社長で、日瑞協会副会長の故藤原銀次郎氏であった。氏は、当代日本では茶道の第一人者でもあった。藤原氏にこの茶室の寄贈を決心させた原動力はイーダ・トロッチックであった。

彼女は若いころに神戸で茶道の奥義を極め、スウェーデンへ帰ってから日本の緑茶の輸入に携わっているうちに、是非ともスウェーデンにも本格的な茶室が欲しいと思うようになった。それで店主のルンドグレン氏を説得し、かねて日本以来の知人であるスウェン・ヘディンの愛弟子で当時王立民族博物館館長のリンドブロム博士に相談したところ、博士は駐スウェーデン日本公使を通して国際連盟日本支部へ申し込んだのであった。

北欧の気候に向く茶室の選定を頼まれた藤原氏は日本国中を探したというが、適当なものが見当たらないため、新しい茶室を建築して寄贈することに決めたという。

三田の慶応大学の敷地内に仮建築のなった茶室を、当時の日瑞協会名誉総裁の秩父宮殿下が「瑞暉亭」と命名された。茶室はそれから解体されてスウェーデンへ向け海上輸送されたが、藤原氏は棟梁の浮ヶ谷氏と大工の谷口氏を同じ船で同行させ、現地での建築にあたらせた。この二人は現地の職人とともに茶室を落成させたのであるが、面白いエピソードが残っている。

この二人は船に米俵、味噌樽、梅干しなど和食の材料一切を持ち込み、航海中に船で出される西洋式の食事は全然摂らなかったという話。

見事な純日本建築に感心したスウェーデン側は、最後に彼らの大工道具を博物館に譲ってくれと申し出たところ、大工の魂である道具を売れとは何事かと彼らが怒り出したという騒ぎ。しかし結局は、彼らがその道具一式を博物館に寄贈したということである。

ストックホルムのユルゴーデンの森に立派にでき上がった「瑞暉亭」の落成式には、ときの皇太子（のちの国王グスタフ六世、現国王の祖父）と妃殿下がご列席になられた。それに、イーダ・トロッチックとリンドブロム博士のほかに、駐日初代公使であったワーレンベルイ夫人や、日本駐瑞公使であった白鳥氏も顔をそろえた写真が残っている。

その後「瑞暉亭」は、スウェーデンにおける親日感情の拠り所とはなっていたが、とくに茶室を利用する催し物などが開催されることはなかった。

落成式から三〇年ほど経った一九六四年(昭和三九年)、この茶室は不審火のために焼失してしまった。私はたまたまその直後ストックホルムに着いたが、友人知人の誰彼から残念無念をぶつけられて、返す言葉がなくて困った。そのときは焼け跡を見る気になれなかったが、次の訪瑞の機会に、つくばいや灯篭や見慣れた木々の残る姿には接した。当時の関係者が異口同音に言ったことは、トロッチックもリンドブロム博士も藤原氏も、みんな世を去った後の火事で「せめてよかった」であった。

四　新しい瑞暉亭

新しく「瑞暉亭」がストックホルムに建つことになった話の始まりは、一九八八年（昭和六三年）に、東京でスウェン・ヘディン展があったときだった。展示品の大部分を貸し出したスウェーデン王立民族博物館館長ウラ・ワグナー博士と副館長アンネ・ムレー博士が来日し、スウェーデンでは焼けた「瑞暉亭」を再建したいという要望が高いという話を聞いた。私は、この二人がホテルで二人を待っていたガデリウス商会の代表であるタロー・ガデリウス氏と、これから茶室再建の相談に入るのだという姿を見送った。

タロー氏が王子製紙に行ってスウェーデン側の意向を伝えた結果は、故藤原銀次郎氏の縁（ゆかり）の事業として、王子製紙を主体に十条製紙、本州製紙、神崎製紙の三社が一億円を出し合って瑞暉亭を再建することに決まったのであった。そこで、四社の社長た

ウラ・ワグナー博士

タロー・ガデリウス氏と著者（新瑞暉亭にて1992年）

ちに駐日スウェーデン大使と、タロー・ガデリウス氏と服部礼次郎日瑞協会会長が加わって「瑞暉亭寄付実行委員会」が結成された。

新茶室の設計は、茶室建築の日本の第一人者である京都工芸繊維大学教授の中村昌生氏に決定した。教授は日本の伝統を重んじ、藤原氏の茶道精神を継いで「旧瑞暉亭」の故事にならいながらも、現代感覚をもって異国に建つ茶室ということで大変苦心されたようである。スウェーデン側の実行委員会の顔ぶれを見ると、王立博物館の館長と副館長、イーダの孫娘のウメ・ラードブルッフとガビー・コッホの姉妹のほかにも、日瑞基金関係のイベロット氏もいた。

一九八九年（平成元年）一二月四日、東京における仮建築の贈呈式には、前述の姉妹が博物館を代表して来日し、ヘイマン駐日大使とともに受け取る側として出席した。日瑞協会名誉総裁の常陸宮殿下ご夫妻と秩父宮妃殿下もご臨席になったが、秩父宮妃殿下は「瑞暉亭」復活のお祝いに、ご愛用の茶器一〇点をこの日にご寄贈になった。藤原銀次郎氏の養女阿部喜美子夫人は、父君の茶室寄贈当時の茶道具が火事でどうなったか、不足になったものがあれば補いたいと申し出た。博物館に問い合わせたところ、茶道具一式は博物館に保管してあったから無事といって、一品ごとの写真を送っ

贈呈式のとき。右から著者、阿部夫人、磯野夫人、阿部令嬢

てよこした。そして、「これらは立派な品に違いないから特別の茶会のみに使用したい。できれば、稽古用の普段使いの一式を頂戴したい」という要望であった。阿部夫人はそれにこたえて、茶道具の稽古用一式をこのとき姉妹に託したのであった。

贈呈式のあと数日で茶室は解体され、船積みのために梱包された。輸送費と現地での建築費はガデリウス商会（株）が負担するということであった。タロー氏はこの席で、秩父宮妃殿下のご寄贈品も、阿部夫人より寄付された品々の輸送も引き受けると言った。

「新瑞暉亭」輸送に関して、前回と今

新瑞暉亭

回の一番大きな違いは、日本の大工が資材と同行しなかったことである。今回は資材が現地に到着するころを見計らって、大工、左官、庭師ほかの職人たち一〇人が空路にて出発する手筈になっていた。半世紀という時代の変化を見たわけであるが、新茶室の資材はすべて選び抜かれた純日本産の粋を集めたものであり、建築の工程もまた、最新最高の技術が存分に生かされているということである。

「新瑞暉亭」のストックホルムにおける落成式は、一九九〇年（平成二年）五月二二日であった。「新瑞暉亭」再建のために努力した人々の見守る中を、プリンセス・クリスチナがタロー氏から「新瑞暉亭」の新しい木の額を受け取って、新築の軒に掲げられた。そのあと阿部夫人が集まった人々に、三人の令嬢ともどもお点前を振る舞った。

この一連の行事に、日本側とスウェーデン側との間に立ってもっとも尽力されたのは、北欧文化協会理事の一人である磯野悦子夫人であった。

この盛儀(せいぎ)が恙(つつが)なく終わったことは、早速に電話で東京の私のもとに報告された。すべてが成功裡にすんだ歓びの興奮は、電話口の一人ひとりの声の弾みから伝わってきて、遠い日本で独りそれを受けた私は居ても立ってもいられない思いであった。

五　伊藤博文と井上馨の密航

明治の大立役者である伊藤博文と井上馨の二人のロンドン密航を、ヘルマン・トロッチックが手伝ったというトロッチック一家の家伝物語を、私は何十年もの間少しの疑いもなく信じ切っていた。ヘルマンの妻イーダから娘のイネツ・ステンベルイへ、またその娘たちウメ・ラードブルフとガービー・コッホへと語り継がれ、そのそれぞれから私は何度も聞かされていたのだった。

それがふとした機会に、根本から崩れ去ってしまったのであった。その機会というのは、二、三〇年前であったが、ガビーがたまたま来日したときに、秩父宮妃殿下にお目にかかりたいと言い出した。私が彼女を御殿へ案内したところ、彼女は例の家伝の自慢話を妃殿下に申し上げたのであった。すると、側にいたご用係の山本真規子夫人が、密かに私の耳に「違う」とささやかれたのであった。あとで聞くと、山本家の

左から井上勝英氏、著者、山本真規子夫人

嫁は、まぎれもなく伊藤博文、井上馨を含む密航を企てた長州青年五人の中の一人、井上勝の曽孫娘だったのである。実家の井上家には、密航に関係する資料がいろいろと保存されている。

私自身の興味もさることながら、私の愛するトロッチック一家に誤りの歴史を信じ込ませていてはいけないと思い、歴史を徹底的に調べようと思い立った。北欧文化協会理事の磯野悦子夫人も私に協力したので、二、三年を費やして結論を出すことができた。ヘルマン・トロッチックというお人好しのスウェーデンの老人が、家族に話した自慢話に多少の誇張や思い違いはあってもそれは許されるであろう。だが、調べていくうちに、権威ある資料の中に二種類も家伝とは相反する説が発見されたのである。私は、トロッチック家の人々に、祖母から孫へと長年にわたって語り継がれた物語が史実ではないと納得させることは容易な業ではなかったが、それでも、遂に姉妹を説得することができた。姉妹は祖父の伝記と祖母の華道と茶道を綴った本を出版しようと準備していたのだったが、遂に祖父のほうはあきらめ、祖母のみの本にしたのであった。

密航の史実とは次の通りである。

長州藩の青年藩士、伊藤俊輔（のちの博文）、志道聞多（のちの井上馨）、野村弥吉（のちの井上勝）、山尾庸三、遠藤謹助の五人がロンドン留学を志して密航を企てたのは、長州藩主が藩に西洋文明を取り入れたいとする意向によるものであった。当時幕府は、吉田松陰の例のように海外渡航を死罪をもって厳禁していたので、彼らは藩を追われてイギリスへ逃げていくという形で極秘のうちに準備を進め、藩主は彼らに手許金と五ヵ年の暇を与えたのであった。

五人は横浜に着いて、イギリス公使館の通詞ガワルにイギリスへの密航の手配を頼み込んだ。ガワルは、以前に長州藩がイギリスの軍艦や武器を貿易商から買ったときに立ち会っていた人物で、彼らとは顔見知りだったのである。しかし、彼らが藩からもらった一人二〇〇両ではとても足りない。ジャディン・マジソン社所有のイギリス船の船賃と五年間のロンドン滞在費で、一人当たり千両を準備しなければならないことになった。それが、大村益次郎の保証で調達できたのである。

一八六三年五月二〇日、横浜港で五人は暗夜に乗じて小舟に乗り、出航間際のイギリス船「チェスウィック号」に漕ぎつけ、無事に乗り込むことができたのであった。こうして五人は横浜から上海を経てロンドンに着き、留学の目的はかなえられた。

ところが、翌一八六四年、彼らは〈ロンドンタイムス〉の記事で、長州藩の攘夷論者たちが下関で外国船を砲撃したことを知った。五人は協議の上で、伊藤と井上が日本に帰って攘夷論者たちの説得に当たることにし、あとの三人は残って約束通り五年間ロンドンで勉強を続けることにした。伊藤と井上は、横浜を出航後わずか一年一ヵ月で帰国したことになる。二人はかろうじて、イギリスの長州攻撃を思い止まらせることに成功した。あとの三人が帰国したのは一八六八年で、それぞれ専門知識を身につけて帰り、明治政府に大いに貢献した。井上勝は日本の鉄道建設功労者で鉄道頭(のかみ)

になり、のちの鉄道庁長官となった。

伊藤と井上は長州の危機が去ると、もう一度ロンドンへ戻って勉強を続けたいと思ったが、まだ密航の許される時代にはなってなかった。藩は、高杉晋作を加えた三人に密かに外国留学を許して千両を与えた。彼らが長崎のグラバー商会に密航の援助を求めたのは一八六五年（慶応元年）である。ここまでは、いくつもの文献によって確かめることができた。しかしこれから先は二説あって、いずれとも断定することができない。

①三人が密航の援助を頼みにグラバー商会を訪れると、グラバーは「今、幕府が第二次長州征伐をしようとしているこの時期に、重要人物が海外へ脱出するのはよろしくない。それよりも下関を開港し、長州藩はもっと武器を買え」と勧めたという。高杉晋作に関する文献は、いずれもこの説を採っている。また、伊藤と井上の評伝の類には、一八六三年の横浜からの五人の密航は載っているが、長崎から三人で密航を企てたことに触れているものはない。
②三人がグラバー商会に密航の援助を頼みに行ったとき、グラバーは上海に行

っていて留守だった。トロッチックとヒューが、月のない夜に三人を舟に乗せて出航間際のイギリス船に潜り込ませた。三人は、上海でグラバーに説得されて引き返した。この説を採っている本もいくつかあるが、有力なのは元駐日イギリス公使、ヒュー・コッダツィの『日本での勝利』の中の記事である。「長崎奉行がイギリス領事に対して、グラバーの日本人三人を密航させたかどで処罰を要求し、三人を直ちに送還させた。グラバーの密航斡旋はこれが初めてではない。一八六三年に横浜から五人をロンドンに密航させたときにも資金援助をした」とある。

伊藤博文が兵庫県知事になってから、かつての長崎の恩人ヘルマン・トロッチックを神戸外人居留地警察署長に取り立てたという説については、時期的に不可能という否定説と疑問説がある。しかし、詳細に調べてみると次の事実が分かった。すなわち、トロッチックがグラバー商会とともに長崎から神戸に移ったのが一八六八年、神戸居留地行事局長（のちに居留地警察署長）に就任したのが一八七二年である。伊藤のほうは、神戸開港場管理責任者となったのが一八六八年で、それから四年ののちに兵庫県知事になっている。時期的に神戸で二人が出会った可能性はあるが、伊藤がトロッチックを採用したという文献は見当たらない。

残る疑問は、井上侯の写真とそれに添えられたスウェーデン公使ワーレンベルイ氏の手紙である。伊藤と井上のロンドン密航は横浜からであり、二人が再度密航しようとしてグラバーに止められたのは長崎であるということは動かない事実である。そうすると、公使の手紙が謎である。

それは、「Marquis Inouye」と署名入りの井上侯の大礼服の写真であって、駐日スウェーデン公使ワーレンベルィの手紙が添えられている。

スウェーデン公使館

東京一月二六日　一九一一年

神戸　トロッチック殿

私は、ここに井上侯のサイン入りの写真を貴殿に届けます。これを侯は、貴殿が長崎で暗夜に船を漕いで侯を停泊中の船に乗船させたときの記念として、貴殿に差し上げるように依頼されました。それで侯は、伊

> 藤公とともに、のちに有名になったヨーロッパ旅行を果しました。侯は心から貴殿へよろしく、ご健康を祈ると言われました。
>
> G・O・ワーレンベルィ

この手紙が存在する以上、姉妹が家族伝承の自説を曲げたくないのは当然である。ヘルマン・トロッチックの神戸における業績については、いくつもの百科事典や神戸関係の書物の中に書かれているのでまとめてみることにする。

ヘルマンが神戸に移ったのは一八六八年（明治元年）で、グラバー商会が新しく開港した神戸へ進出したときである。当時、未完成の外国人居留地で外交事務を取り仕切っていたのは、新政府の外務局判事となっていた伊藤俊輔であった。一八七二年にグラバー商会が倒産して店を閉じると、ヘルマンは神戸居留地監督官に起用され、居留地の治安の責任をもつことになった。やがて、居留地行事局長の職に就き、警察署長をも兼任し、「居留地行事警察規則」を起草して独自の行事警察署を開設して日本人の警察官を採用して大いに実績を上げた。一八九九年（明治三二年）に国内の居留地がすべて日本側に返還されたとき、ヘルマンは三〇年間の警察勤務を無事に終えた。兵庫県は彼に警察顧問という肩書きを与え、新装なった明石派出所の二階を住居として提供した。彼は、日本政府から勲五等双旭日章と、勲四等瑞宝章を贈られた。

彼が新しく日本で認識されたのは一九七七年（昭和五二年）のことで、兵庫県警察本部長やそのほかの県警察首脳によって、神戸外人墓地で「元居留地警察署長ヘルマン・トロッチックを偲ぶ墓参会」が催されたときである。スウェーデン政府の代表を含むその墓参会の模様は神戸のテレビ局や新聞社によって報道され、彼の功績は県下の人々に広く知られたのであった。

私の参考文献は、次の通りである。

●『維新の港の英人たち』、イギリス公使ヒュー・コッダツィ著、中須賀哲郎訳、中央公論社。

●『兵庫警察の誕生』、草山巌（元兵庫県警察本部税務部参事）著、慶応通信、一九八四年。
●『神戸外国人居留地』、ジャパン・クロニクル紙、ジュビリーナンバ、堀博・小出石史郎共訳、神戸新聞出版センター、一九八〇年。
●『使途たちよ眠れ』、谷口利一著、神戸新聞出版センター、一九八六年。

第二章　エレン・ケイをめぐって

一　エレン・ケイと私

私は一九九七年（平成九年）六月に、エレン・ケイ（一八四九～一九二六）の代表的著書である『恋愛と結婚』の翻訳書の改訂版を、（株）新評論から出版することができたことを大いに喜んでいる。この本の初版は、原著から小野寺信と百合子が共訳で、一九七三年（昭和四八年）に岩波文庫として世に出したものであった。私どもはそれまで職業軍人の夫婦であって、最後の勤務は在外駐在武官というまるで別の世界にいた者が初めて携わった翻訳の仕事であったため、不備な点だらけであった。それでも、〝エレン・ケイ〟が日本で比較的知られた人物であったことと、また彼女の『恋愛と結婚』は、原田実（一八九〇～一九七五、教育学者）氏の邦訳によりすでに一九三〇年（昭和五年）以来、同じく岩波文庫として広く読まれていた関係から、私どもが訳した文庫本も三版まで順調に版を重ねることができた。ところが、この訳に対するかなり強い異論がはさまれたため、岩波文庫は絶版になってしまった。私どもはこれを機会に、時間をかけて納得のいく独自の改訂版をつくることにした。そこでまず、アメリカから原田実氏が底本とされた『恋愛と結婚』の英語版を取り寄せ、原著と英訳本のほかに独訳本も借用してきて、全部を並べて遂語検討した。その結果発見したのは、翻訳という作業の恐ろしさであった。訳者にはミスがあり得るから、重訳にはミスが重複することになる。私どもはことさら慎重に全巻を通じて検討をしたが、何より嬉しかったのは私ども自身が大したミスをしていなかったことであった。このことについて岩波文庫部長岩崎勝美氏と十分に話し合い、不日の改訂版の出版を約束して原稿を預けたのであった。そして待つこと一〇年、文庫部長は交替した。そして、新部長には出版の意志のないことがはっきりしたので、私は原稿を持ち帰った。

それがこの度、新評論から出版されることになったのである。さらにまた一〇年を経ているので、私はもう一度全部を読み返して現代版としての手を入れたつもりである。エレン・ケイは『恋愛と結婚』を含む『生命線』を、一九〇三年から一九〇六年の間に書いている。そして、出版直後のスウェーデンではひどく非難されたが、ヨーロッパとアメリカでは天下の名著として普及した。日本では、森鷗外〔一八六二～一九二二、小説家、翻訳家。〕、河井酔茗〔一八七四〜一九六五、詩人。〕、平塚らいてう〔一八八六〜一九七一、婦人運動の先覚者。〕などによって、部分訳ではあったが紹介された。完訳は原田実氏が最初であったが、英語版からの訳出であった。その跡を継いだ私どもは、エレン・ケイの原著の第三版から訳出した（それが、この度改訂されたのである）。

その後私どもは、一九七九年（昭和五四年）、『児童の世紀』を原著から夫婦で共訳して冨山房から出版した。これもまた、日本訳は原田実氏の英語版からのものがすでに刊行されていた。私どもにとっては二回目の翻訳の仕事であったが、現在に至るまで四刷りと版を重ね、多くの読者を得ている。

さらに私どもは、エレン・ケイ財団に紹介されて、ストックホルム大学助教授（現在は教授）トルビョルン・レングボルン博士に会った。博士は一九七六年に『エレン・ケイ教育学の研究——児童の世紀を出発点として』を出版されたが、この本で彼は博士号を取得したのだという。博士から私どもはこの本を贈られたが、そのときに、この彼の署名のある本を底本として共訳して出版することを約束した。これは、一九八二年（昭和五七年）に玉川学園出版部からの出版で果すことができた。

こうして、私どもが想像もしなかったエレン・ケイの翻訳に飛び込んでいったこと

エレン・ケイ

は、冒険ともいうべき暴挙であったかもしれない。だが、スウェーデン人さえも敬遠するというほどのスウェーデンの古語も、彼女の回りくどい言い回しも、苦労して取り組んでいるうちには慣れてくるものである。その上、エレン・ケイの卓越した思想や判断力や思考の方向なども少しずつ理解できるようになると、興味のつきることはなかった。

エレン・ケイがこれらの本を書いた時代の背景は、そのころの日本とまさに同じような状態であった。どちらも未婚の女性には自己財産の管理権はあったが、結婚すると結婚相手に権利は握られ、法的行為は何も自分ではできなかった。だが、母親の子どもに対する愛情は絶対であって、この真理は古今東西まったく変わってはならないとエレン・ケイは言った。

二　エレン・ケイのストランド荘を訪ねて

スウェーデンのストックホルム市から西南へ三〇〇キロばかり、国鉄を乗り換え、さらにバスを乗り継いで行ったところに、ワードステンナという小さな町がある。ここはスウェーデンで二番目の大きな湖ヴェッテルン湖に臨み、中世のセント・ビルギッタ尼僧院が残っていることで有名なところである。行ってみると尼僧院ばかりでなく、男子の大僧院も寺院も、また堀を巡らした城郭もあり、いずれも中世のいかめしい荘重な姿を湖沿いに残している。湖の眺めは美しく、ことに対岸の森に沈む夏の夕日は絶景である。私どもはここの民宿に泊まっており、エレン・ケイが晩年を過ごしたストランド荘がここから遠くないことを知り、そこへ行く道を教わった。これは私どもの『恋愛と結婚』が出た翌年（一九七四年）のことで、思いもかけず念願がかなったのであった。

私どもはワードステンナからバスに乗って、ヴェッテルン湖沿いに南に下がること三〇分ばかり、オムベルィという町に入る手前のバス・ストップで下車した。バス道路の山側には、森の中に赤い木造のツーリスト・ホテルが一軒あるだけだったが、反対側は麦畑と菜の花畑が広がり、だらだらと下がったその先には湖が光っていた。湖畔のはるか遠くに、教会の尖塔を中心にして家の集まっているところがオムベルィの町かと思われた。バスの進行方向に向かって、山と畑を眺めながらヒバリの鳴き声を聞き、少し行くと、道端に矢印の着いた〝Ellen Keys Strand〟という案内標識があった。そこから道を曲がると、まもなく表札の出ている門に達した。

珍しい形をした門の扉を開けて入ると、急な坂道が下へ向かってついているが、山の中を思わせるほどの森である。ストランド荘の建物はこの斜面の中腹に、湖に真正面に面して立っている。私どもは建物を横目で見ながら坂道を湖畔まで下りて、それから、緑を背にした真っ白なその建物の正面入り口に向かって二、三十段の石段をゆっくりと上っていった。石段脇の草の中に、真っ赤なケシの花が咲いているのが印象的だった。

正面の扉を開いて中へ入ると、そこはホールで、突き当たりにも扉があり、それは

ストランド荘全景

門側からの玄関であった。私たちを出迎えてくれたミセス・バウムスクークはこの管理人で、ワードステンナから連絡が入っていたらしく、バスの到着時間に合わせて私たちを待ち構えていてくれた。彼女はまず最初に、訪問者のサイン帖を開いて私どものサインを求めたが、「前に一人韓国人が来たことがあったが、日本人の来訪はまったく初めてだ」ということであった。

ストランド荘は、エレン・ケイが一九一〇年に建てたものである。彼女自身がここに移ってきたのは一九一一年で、それから一九二六年の終焉まで、彼女はこの人里離れた風光明媚なこの館で生活し、読書し、執筆し続けた。しかし、彼女はたった一人でここに住んでいたのではなく、一九一四年以来、ずっと婦人労働者の憩いの家としてここを開放していたのである。当時の婦人労働者の労働時間は一日一二時間にもおよび、彼女はそれにいたく心を痛め、彼女たちの休養の場としてここを提供したのである。エレン・ケイの没後は、その遺言によってストランド荘は「トルフテルナ」という婦人団体に寄付され、彼女の遺志通り、婦人労働者の憩いの家としての使命を続けるはずであったが、トルフテルナはエレン・ケイと思想を同じくする進歩的な婦人たちの団体であったにもかかわらず、エレン・ケイの没後はあまり活動をしなくなってしまった。

今日では、同じく彼女の遺言によって、当時の遺産四万クローネで設立された「エレン・ケイ財団」がこれを記念館として直接に運営を行っている。彼女の部屋やサロンは原形のままに保存され、二クローネの料金を払えば誰でもが見学できるようになっている。もと婦人労働者たちのために提供されていた部屋は、今は女子学生のために、特別静かに勉強したい人を三食付き一日わずか一〇クローネ(当時のレートでは六三〇円、現在は一三〇〇円)という料金で受け入れているが、学究生活五年以上の人

ストランド荘のサロン

という条件がついている。

　エレン・ケイはその生涯のほとんどを婦人の権利獲得のために闘い、婦人の労働条件の改善を叫んだのであったが、没後わずか半世紀の間にスウェーデンは世界に冠たる福祉国家になってしまった。婦人の地位の高いことと労使協定の合理性について、スウェーデン人は誇りに思っている。ことに婦人労働者の労働条件はよく、有給休暇の過ごし方まで公的配慮がなされる時代となったのである。


　ミセス・バウムスクークは、私たちをまず一階の向かって左の台所と食堂に案内した。常に何人かの人を住まわせるように設計された食堂と台所は広く、大きな食料品置き場なども昔のままに保存されている。

　ホールから右は二間つづきのサロンである。ここは、エレン・ケイが休養に来た婦人労働者たちと語り合ったところで、一九二五年、彼女の最後の誕生日はここで賑やかにお祝いの宴があったということである。カーテンは手織り木綿、家具調度も簡素なものだが、この部屋を豪華にしているものは絨毯である。これはスウェーデン先々代国王、グスターフ五世の弟、プリンス・エウジン画伯が彼女を敬愛し、彼女のためにとくにデザインしたものだそうで、淡い緑地に木と草の花だけを取り合わせた美しい模様のものである。エレン・ケイが一番影響を受けた人物がゲーテであるという証拠に、大きな彼の油絵の肖像画がサロンを飾っている。窓からは、緑の枝をすかして静かな湖が見える。秋には、緑は紅葉に変わるだろうが、長い冬の間は裸の枝の間から氷と雪が見えるだけの景色である。

二階に上がると、書斎と居間兼寝室兼書斎の二部屋が右側で、左側には今は女子学生用の個室三つと、廊下の一角に談話室コーナーが設けてある。

エレン・ケイ終焉のベッドは、大きな部屋の壁際にあり、何の飾りもない質素な木製ベッドには青い手織り木綿のカバーがかかり、洗濯したての寝巻きと枕掛けが揃えてある。この部屋の中央部を占めているのは大きな机で、その上には彼女がメモを書き込んだカレンダーがそのままになっている。机のわきにカウチが一つ。彼女の生活は最後の最後まで読書と執筆で、机に向かって疲れれば休んだ愛用のカウチに、木綿レースの肩掛けとナイトキャップが載っている。隣の書斎にも同じような大きい机が窓辺にあり、そこに座ると窓越しに湖が目の下に見える。この家の書斎はもちろん、サロンといわず、寝室といわず、廊下といわず、至る所に本棚があって、英・独・仏・

ストランド荘の書斎の机

ストランド荘のエレン・ケイが使ったベッド

ストランド荘の窓からの眺め

瑞の本がぎっしりと詰まっている。蔵書数は七万冊という。中にたった一冊の日本語の本がある。それは、エレン・ケイ著、原田実訳の『児童の世紀』の第三版（大正九年）で、扉に「エレン・ケイ女史に呈す　大正九年五月六日　伯爵伊達邦宗〔一八七〇〜一九二三〕」とあり、熨斗（のし）がついている。それに伊達伯のエレン・ケイ宛ての英文の手紙が添えてある。

また、家の中はどの壁にも絵と写真がいっぱいで、寝室の一つの壁には家族の写真が何段にもずらりと並んでいる。エレン・ケイ自身の肖像画は、年代の違うものが何枚もあちこちに見られ、塑像もいくつかある。家中の壁を飾っている絵は、彼女の思想に共鳴し心から彼女を尊敬した人たちが誠心こめて贈ったものだろうから、それぞれにいいわれもあり、また価値の高い絵だろうが、それを一つ一つ見て回る時間がなかったのは残念だった。

二階のバルコニーに立つと湖が一望のうちに眺められるが、オムベルィの町は視界の外にあり、森と水のほか人家はまったく目に入ってこない。バルコニーの真正面下に、格子の屋根をもつ桟橋が湖に向かって突き出ている。バルコニーから見ても、桟橋の辺りの水はきれいに透き通っていて、水底の石がゆらゆら揺れるのが見えるほどであった。

　ミセス・パウムスクークに別れを告げて玄関を出てから、私たちは正面の石段を下がって湖岸に下り、桟橋の端まで行ってみた。そこからは、遠く町の家々を望むことができる。エレン・ケイがここに住んでいた当時はバスなどの便があったはずはなく、おそらくこの桟橋から漕ぎ出すボートがオムベルィの町への交通機関であったのではなかろうか、また生活物資もこの桟橋で荷揚げされたのではなかろうか、冬には湖が凍るから、交通機関は舟から橇になったのだろうか、などと想像しながら、しばらく広い湖とストランド荘の全景を見比べながら桟橋に立っていた。（北欧人は、バルト湾の離れ小島や無人の岬などに住むことを好む。往復にも買い物にも、小舟を唯一の交通機関として生活をする人は、今日でもそう珍しくはない。）

三　エレン・ケイ財団との接触

エレン・ケイのストランド荘を訪ねて帰国してから、私は『世界伝記大事典』（ほるぷ出版、一九八一年）のためにエレン・ケイの写真が必要になったのでストランド荘に要求したところ、私の手紙がエレン・ケイ財団の理事であるケイ・ラスムセン夫人に回送されたのである。

「日本では『世界伝記大事典』にエレン・ケイが掲載されるほど、彼女の『恋愛と結婚』と『児童の世紀』は読まれている」

と書いたのだが、財団にとっては余程の驚きであったようである。北半球の裏側の日本で、エレン・ケイが訳されて今なお読まれているとは、思いもかけないニュースであったらしい。夫人からは、エレン・ケイの写真とともに、現在日本で発売中のエレン・ケイの翻訳書を送って欲しいという手紙がきた。私はただちに、玉川大学出版部発行の原田実訳『児童の世紀』と、岩波書店発行の小野寺信・百合子共訳『恋愛と結婚』を送り、原田実先生からいただいた日本におけるエレン・ケイ関係の出版書のリストも英訳して届けておいた。

それからまもなく、原田先生が病気に倒れられ重体となられた。私は急いでケイ・ラスムセン夫人に手紙を書いて、「先に送った手紙の中のリストの通り、日本におけるエレン・ケイ関係書の大部分の訳者であり著者である原田教授が重体である。教授が日本にエレン・ケイを紹介された功績を、エレン・ケイ財団の名において感謝して欲しい」と訴えた。

夫人からは、折り返し原田先生宛てに丁重な手紙が届いた。原田先生は病床の枕元にその手紙を置いて、お見舞い客に見せてはご満足だったとあとから聞いた。原田先生はかつて、「父は厳しい漢学者だったからその影響を受けたのだろう。私が学生時代より心酔し、ついに一生をその人の紹介に費やしてしまったエレン・ケイ女史は、私にとっては崇高な存在であって、その人と文通しようなど夢想だにしなかった」と、語られたことがあった。

年を越してから、原田先生は逝去された。早稲田大学葬の際に、弔辞はすべて先生のエレン・ケイ研究の功績を称え、エレン・ケイを日本に普及させた恩人として先生を悼むものであったという。

それなのに当のスウェーデンでは、原田先生の謙虚さと当時の出版権などの契約における問題がなかったことで、日本での事情は少しも知らずじまいに過ぎていたのであった。ケイ・ラスムセン夫人の手紙によれば、一九七五年二月のエレン・ケイ財団理事会の席上で、上記の日本における出版リストと、二冊の日本語訳書が初めて披露されたということである。

エレン・ケイ没後ちょうど五〇年、日本人として初めて私どもはエレン・ケイ財団に接触したのであった。そして、私どもが初めてエッシー・ケイ・ラスムセン夫人に会ったのが一九七六年（昭和五一年）であった。

九月六日の朝、私どもはストックホルムの宿で、かねてから文通していたエレン・ケイ財団のエッシー・ケイ・ラスムセン夫人に思い切って電話をした。夫人はいつの手紙でも一分の隙もない文章を書く人なので、私は大いに恐れをなしていたのである。電話の向こうから伝わってきた声は思ったよりも年寄りに聞え、またそれがゆえに恐い小母さまらしく思われ私は気が重かったが、この人と会うのもスウェーデン訪問の目的の一つであったから、私ども夫婦がその日の午後に訪問する約束を取り付けた。

ストックホルムは島々からなっている都市である。夫人の住まいは、島の中心であるストックホルム島からは島を一つ通ってもう一つ先の小さな島にある。バスはいくつもの湖がバルチック海に連なる水域をまたいで、長い橋を二つも渡らなければならないので、この路線ではストックホルム市の典型的な絶景を十分に楽しむことができる。地図で見ておいた通りバスを降りると、目的の家はバス停の目の前にあった。五階建ての家の一階にケイ・ラスムセンの表札を見つけてベルを鳴らすと、しばらく待たされたあげく戸口が開いた。うす暗いホールに杖にすがって立つ一人のおばあさんに、私は思わずはっと息をのんでしまった。それは、スウェーデンの町にも老人ホームにもよく見かけるごく普通の老人の姿であった。才気に満ちた中年のインテリ婦人を何となく想像していた私には、まったく意外というほかなかった。

ホールの奥は一部屋だけで、ベッドもソファーも机も本棚もすべてがこの部屋の中に収まり、本はあふれてホールの壁側にも並んでいた。机の上にはところ狭しと本や書類が重ねて積んであり、その真ん中に古いタイプライターが置いてあった。なるほ

エッシー・ケイ・ラスムセン夫人

ど、このタイプライターから、文章は立派だが少し字のかすれたあの手紙が生まれるのだと思った。

夫人が私どもをまずソファに招じてから、その不自由な足を足台に乗せて自身の座に収まるまでかなりの時間がかかった。見回すと、壁にかかっている写真には見覚えのあるエレン・ケイとその一族の人々のものが多かった。さて、夫人が座に落ち着いて流暢な英語で話し出すと、ありふれたおばあさんのイメージは消え去って、そこに座っているのはさすがエレン・ケイの姪という風格を備えた聡明な一老婦人となった。

エレン・ケイの在世中はとくにかわい

がってもらった、と前にもらった手紙にも書いてあったが、ここで示された本の裏表紙の言葉書きには、姪に対するエレン・ケイの愛情があふれていた。エレン・ケイは在世中に彼女の全財産をもってエレン・ケイ財団をつくり、この姪を理事の一人に指名したのであった。夫人の顔は壁にかかっているケイ一族の人々に共通する、鋭く奥深い眼と意志の強さを表すようなどっしりとした鼻をもっていることに気がついた。夫人は自分自身については、夫とともにジュネーブで新渡戸稲造〔一八六二〜一九三三、英語で『武士道』を著したのが各国語に訳され、日本人の伝統的精神を世界に理解させた。〕博士や杉村陽太郎〔一八八四〜一九三九。外交官。IOC委員にもなり、東京オリンピック招致に努力した。〕大使と交際があったといって、「日本人は袋の代わりに絹のハンカチで物を包むね」、と私どもを笑わせた。夫人はのちにアメリカに渡り、コロンビア大学で教育学のマスター学位をとり、第二次大戦になってスウェーデンに帰り語学で政府のために働いたと話してくれたが、自身についてはあまり多くを語ろうとしなかった。

　それよりもちょうど二年前、私との文通によって、エレン・ケイが六〇年も前から日本で訳され始め、今なお読み続けられていることを初めて知った驚きと喜びを繰り返し述べられた。そして、今年スウェーデンでも、若い学者トルビヨルン・レングボルンがエレン・ケイで博士論文を書き、すでに出版されたことや、彼がエレン・ケイの著書と論文の中から一章ずつ抜いて『家庭の世紀』と題する選集を出版したことを話され、スウェーデンでもエレン・ケイが再び見直されつつあると言われた。

エッシー・ケイ・ラスムセン夫人は、現在の財団会長であるマッツ・ケイ氏(実業家)とともに丁重に歓待してくれた。私どもは、この歓待を原田先生の身代わりのつもりで受けたのであった。

四　エレン・ケイの思想と日本への影響

　エレン・ケイの思想は、我が国では明治の終わり頃から森鴎外や巌谷小波〔一八七〇～一九三三、童話作家、小説家。とくに創作童話が有名。〕によって注目され、大正の始めには本間久雄〔英文学者。著書に『現代の婦人問題』、一九一九年、天佑社。〕が『エレン・ケイ思想の真髄』（一九一五年、大同館）を出版し、原田実（のちの早稲田大学教授）が『児童の世紀』（一九一六年、大同館・一九六〇年、玉川学園出版部）を完訳、以来原田実は、『恋愛と結婚』（一九一八年、日本文化社会）、『婦人運動』（一九二四年、天佑社・一九三〇年、岩波書店）そのほかを次々と翻訳し、また彼女の伝記（ルイゼ・ニィストレーム著、〝*Her Life and her Work*〟、一九二二年、天佑社）まで訳し、日本にエレン・ケイを植え付けた。

　エレン・ケイは、根底にキリスト教を置きながら、ゲーテをはじめとするヨーロッパの思想界と文学界をことごとく理解して進化論に共鳴し、長い苦悩の末に「生の信仰」に到達した人である。その高邁（こうまい）なる思想「生の信仰」については、彼女は三部からなる大作『生命線』で論じているが、これを完全に理解するには少なくともまずヨーロッパ哲学に精通していなければならないから、誰でもが容易に手をつけられるものではない。しかし、三部のうちの第一部である『恋愛と結婚』は比較的入りやすいことから、これは英、独、仏そのほかの一一ヵ国に訳されて世界に紹介された。日本人の目に触れたのも、当然それらからの訳本であった。

エレン・ケイ自身は熱烈な恋愛の経験をもったが結婚には至らず、一生を独身で通し、自らの信ずるところの思想を大胆自由に展開したが、表現があまりに強烈であったため、当時のスウェーデンの保守派やキリスト教会からは猛烈な攻撃を受けた。それほど、一部からは理解されなかったどころか危険思想とまで言われた彼女だが、熱心な同調者や支持者はスウェーデン内にも外にも多く、一九世紀から二〇世紀にかけて、思想家文学者としてのエレン・ケイの名声は押しも押されもしない地位を獲得したのである。

エレン・ケイがいかに博識で、その思想のスケールがどんなに大きかったかは、『恋愛と結婚』だけからもうかがい知ることができる。というのは、『恋愛と結婚』を読んだ読者がこの本から何を受け取るかは、エレン・ケイ思想のどの部分に感激するかであって、彼女の思想の豊かさ大きさは実に驚異的である。『エレン・ケイ思想の真髄』を書いた本間久雄は、「生の信仰」に深い感銘を受けたものと思われる。日本の婦人運動の第一人者である平塚らいてうが、雑誌「青鞜」に『恋愛と結婚』を翻訳連載したのは、エレン・ケイの主張する婦人運動のあり方に示唆と共鳴を感じたからであろう。教育学者原田実はまず『児童の世紀』から、次いで『恋愛と結婚』から、エレン・ケイが子どもの人格尊重を説いた教育論にとりつかれ、日本に彼女を紹介するために一生を費やしたということである。

日本の婦人運動にエレン・ケイが影響を及ぼしたことについては、NHKの朝のドラマ『雲のじゅうたん』(一九七六年放映)で、真琴の友達の女子大生が「エレン・ケイの言ったように……」とさりげなく語ったのでも分かる。当時のスウェーデンでは、日本はもちろんそうであったが、婦人の法的地位は低く、とくに既婚婦人は法的無能力者であったから、婦人解放運動はエレン・ケイ以前からすでにあったものの、当時の主流は男女の絶対同権を叫ぶフレドリカ・ブレーメル〔一八〇一〜一八六五、スウェーデンの作家。著書『家族』、『隣人』。〕

一派であった。エレン・ケイの持論は無条件の男女同権には反対で、男女は本質的に異なるという立場に立って、婦人は社会の中で婦人特有の役割を果たすために解放されなければならないという主張であった。それは、彼女が子どもの人格尊重を第一主眼とする人だったから、女性には男性と異なって子どもを守り育てる使命があり、母親が十分母性を発揮するためには法的無能力であってはならないこと、また、母性を社会に反映させるためには社会に婦人の力を入れなければならず、その意味で婦人に男性と同等の権利を与えなければならないことを説いたのである。だから、何でもかでも男性と同じ職場に婦人を進出させようとする婦人運動には反対した。また、幼い子どもをもつ母親の職業進出は条件に恵まれた人に限られるべきで、原則的一般論としては、小さい子どもを託児所に委ねてまでの家庭外労働をいましめた。母親が共稼ぎをせず、家庭育児に専念できるようにするため、子もちの父親の給与を増すとか、母親に育児手当を支給するなどの具体的な国の配慮を提案している。しかし、エレン・ケイの主張は、当時のスウェーデンでは受け入れられなかった。今日になっても、この国の婦人運動といえばブレーメル協会が男女の絶対平等を叫んでいる。

今日、スウェーデンは他国に比べれば総じて婦人の地位は高く、一九七六年九月の政変の結果、外務大臣をはじめ五人の女性大臣が誕生したのもそう不思議ではないくらい、管理職や指導的地位をもつ婦人の多い国柄である。しかし統計によれば、単身婦人のほとんど全部、既婚婦人の約八〇パーセントが就職しているが、その職場の種類はごく狭い範囲に限られている。結局のところ、女は女らしい職場を守るのが自然なのである。今日、社会庁や地方自治体の社会局や、出版社の児童図書部などへ行ってみると、職員も役職者もほとんど婦人ばかりである。こういう部門こそ、まさに母性を社会に反映できるのであって、改めてエレン・ケイの言葉が思い出される。

エレン・ケイが一貫して主張したことは、純粋の恋愛から子どもをつくり、母性によって子どもを育て、学校教育は公立学校では男女共学、親の社会的地位や家庭問題による経済事情には左右されず、子ども本位の教育の機会均等であった。

スウェーデンの教育の機会均等は、一九三二年以来、政権をとった社会民主労働党が目標として努力した政策の一つであった。一九六二年には基礎学校法を、一九七一年には総合制高等学校法を、一九七七年には高等学校教育の改革を行って、初等の義務教育から大学までの教育の民主化を徹底した。

エレン・ケイはまた、純粋の恋愛は必ずしも一夫一婦制の結婚と一致しないと言ったことで、当時、彼女はひどく非難されたが、『恋愛と結婚』をよく読んでみれば、彼女が今日でいうフリーセックスを奨励したのではないことは歴然と分かる。彼女は、愛情が冷めても一律に離婚を認めない教会を不当だとなじったのであった。子どものために良いのなら、そういう夫婦が結婚を続けることもあり得るし、別れて別々の生活に入ったほうが子どもにより良い環境を与えることもあり得ると、いろいろな角度から懇切丁寧な説明が本書では加えられている。今日のスウェーデンでは、子どもはどんな形式で生まれた子どもでも（結婚の子ども、未婚の子ども、離婚の子ども）法的権利は絶対に平等である。だが、朝鮮やアフリカから政府の世話でもらう養子までも同等であることは、さすがのエレン・ケイも思いもよらなかったことであろう。

今日、子をもつ親への社会の援助は、一九八〇年の新社会福祉法の施行以来確実に普遍化し、エレン・ケイの主張以上に進んでいる。

エレン・ケイが逝って五〇年に当たる一九七六年の命日には、墓前祭が執り行われた。彼女は当時、危険思想とまで非難されても自己の主張は絶対に曲げないと、『恋愛と結婚』の第二版出版に当たって序言で自ら言明しているが、この半世紀の間にあの勇気ある主張は各方面で現実のものとなっている。今のスウェーデンは社会福祉に関しては世界の見本国といわれているけれども、一方ではひずみ論もそろそろ台頭してきている。前述のレングボルンのエレン・ケイ選集『家庭の世紀』についての新聞評にこう書かれている。

「……この中に盛り込まれているエレン・ケイの家庭についての思想は、今日の社会に立派に通用するものである。……」

スウェーデンの家庭崩壊の危機が一部の人の間で懸念されているおりから、エレン・ケイの思想が再びスウェーデン人の目の前に現れたことは意味があるのかもしれない。

三　スウェーデン社会研究所とともに三〇年

一　スウェーデン社会研究所の開設

戦後の混乱期がすぎて、我が家の四人の子どもたちもそれぞれ学校を終えて、女の子は結婚し、男の子は就職して、全部が巣立ったあと、私どもが二人きりになった矢先のことであった。まるで降って沸いたように突然に起こったのが、スウェーデン社会研究所の話であった。

話とは、日本大学経済学部教授高須裕三氏からで、氏は東海大学助手の石渡利康氏とともにスウェーデンの科学以外の文化方面の学問の研究拠点をつくりたいと思うが協力してくれないか、という申し出であった。大層好ましい話とは思ったが、学術研究の世界は私どもとは今まで縁のない分野であったから、協力のしようがないと思って辞退した。ところが、高須氏は承知されなかった。というのは、それより前、秩父宮妃殿下を名誉総裁と仰ぐ日本結核予防会のために、在日スウェーデン貿易商社が共同で、結核専門医のスウェーデン留学を組織したことがあった。それに夫が寄与したことを、高須氏は知っていたのだった。

高須、石渡両氏に加えて、スウェーデン留学生のヤンソン氏とフリッツォン氏を交えて、我が家で研究所創設について何度も打ち合わせを行った。それぞれが同志を募っているうちに七〇名を超える発起人名簿ができ上がった。一九六七年（昭和四二年）八月三一日に国際文化会館で開かれた発起人会の顔触れを見ると、当時の学界と経済界のトップクラスの人々であった。七八ページに、参考のために発起人名簿を掲載しておく。

発起人会で、社団法人スウェーデン社会研究所の創設が決定し、東海大学総長松前重義氏を会長に、元外務大臣大平正芳氏を理事長に、日本大学教授で世界経済調査会専務の西村光夫氏を所長に決めた。理事と評議員と顧問も発起人の中から選出し、「言い出しっぺ」の私ども四人も役員となった。

事務所には、松前氏が個人所有している丸ビルの一室が提供された。在日スウェーデン大使のアルムクィスト氏は、このような民間でイニシアティブをとってできたス

丸ビル（写真提供・PANA）

ウェーデン関係の研究所は世界に例がないといって喜ばれ、ちょうど来日のご予定のあったスウェーデン王室のプリンセス・クリスティナのご日程に合わせて開所式を行うように、と強く要請された。東京六本木の国際文化会館の大広間において華々しい開所式のあったのは、一九六七年（昭和四二年）一〇月二三日であった。

開所式。プリンセス・クリスチナと大平理事長と西村所長

プリンセス・クリスチナと松前会長と西村所長（1971年5月）

「スウェーデン社会研究所」発起人名簿（五〇音順）

愛川重義	読売新聞社副主筆
足利　惇	東海大学学長
石渡利康	東海大学講師
伊藤文吉	北方文化博物館長
一番ケ瀬康子	日本女子大学助教授
磯野昌蔵	都立大学助教授
鵜飼信成	前国際キリスト教大学学長
内海洋一	大阪大学教授
江幡　清	朝日新聞社論説主幹
大井　篤	著述業
大志万準治	国立教育会館事業課長
大平正芳	国会議員、元外相
岡崎　晋	東海大学助教授
岡野加穂留	明治大学助教授
小野寺　信	日端協会理事
小野寺百合子	北欧文化協会理事
音田正己	大阪府立大学教授
奥原　潔	家の光副会長
香川鉄蔵	防衛庁嘱託
加藤　寛	慶応義塾大学教授
金森岩二	公務員研修所
川口　弘	中央大学教授
河村　勝	国会議員
木内信胤	世界経済調査会理事長
気賀健三	慶応義塾大学教授
木下和夫	大阪大学教授
木村健康	東京大学教授
久保まち子	東京女子大学教授
五島貞次	毎日新聞社論説副委員長
佐口　卓	早稲田大学教授
佐藤一郎	ガデリウス商会
佐藤節子	青山学院大学教授
杉田　寧	ガデリウス商会取締役
鈴木善幸	国会議員、前首相
関　嘉彦	都立大学教授
曾禰　益	国会議員

島田啓一郎	同志社大学教授
高井　泉	北欧文化協会理事長・玉川大学教授
高須裕三	日本大学教授
竪山利忠	拓殖大学教授
土屋　清	産経新聞社編集総長
永田菊四郎	日本大学総長
内藤英憲	日本大学助教授
中嶋　博	早稲田大学教授
西村光夫	世界経済調査会常任理事・日本大学教授
西村直巳	国会議員、元防衛庁長官
馬場金治	時事問題研究所所長
林　譲二	北欧文化協会理事
半田一郎	東京外国語大学教授
平石長久	社会保障研究所員
平田富太郎	早稲田大学教授
平林広人	東海大学講師
広田洋二	欧亜協会常務理事
L・フリッツォン	在日研究生
古井喜実	国会議員、元厚相
古田重二良	日本大学会頭
松本重治	国際文化会館理事長
牧野不二雄	東海大学常務理事
松本浩太郎	千葉商科大学教授
松前重義	国会議員、東海大学総長
丸尾直美	中央大学助教授
武藤光朗	中央大学教授
村松博雄	医学教育評論家
山田文雄	愛知大学教授
山田雄三	社会保障研究所長
吉田寿三郎	国立公衆衛生院社会保障室長
吉田忠雄	明治大学教授
吉野俊彦	日本銀行調査局長
S・ヤンソン	在日研究生
笠　信太郎	著述業
和田耕作	国会議員
渡辺　朗	民社党外交委員会事務局長
蕨岡小太郎	医博

顧問

足立　正	商工会議所会頭
十河信二	前国鉄総裁
宮部一郎	家の光会長

二　研究所の役割

戦後のこの時期に、新生日本の復興のために参考とすべき国としてスウェーデンを選んで、研究をする意義を理解して集まったメンバーたちである。早速に分担を決めて活動に入った。

まず、手始めとして出版したのが『スウェーデン――自由と福祉の国――』（一九七一年、芸林書房）で、それに松前重義会長が書いておられる。

「長年の間平和を貫徹し、貪る者なく貧しき者のない社会を実現させた実験国、スウェーデンの歴史と、現在に至るまでの思想、それに文化、政治、経済、国民生活、産業などを研究することが、日本の将来のために必要な課題と考える」

それから数年おきに、研究所発行のスウェーデン紹介の単行本を出版した。執筆は所長が書いておられるように、「日本におけるスウェーデンについての最高のエキスパート」がそれぞれの分野を受け持ったので、その時代々のもっとも権威ある報告書であったにちがいない。

研究所からは、この総合的な単行本のほかに、各分野別に専門的なより深い研究報告をして、資料第○号として随時パンフレットも発行した。また、毎月月報を発行して、研究の活動状況のほかに、スウェーデンのニュース、トピックスをも発表し続けた。

月報の第一号は一九六八年（昭和四八年）で、プリンセス・クリスティナをお迎えしての開所式の写真で始まり、第三〇三号は一九九七年（平成九年）で、国王陛下の歓迎レセプションの場面である。その間の三〇年は、実に多種多様な記事にあふれている。

研究所開設の当初から実施してきたスウェーデン語の講習は今日まで続いている。事務所を教室として、夕方から始まる不便さにもかかわらず受講者はあとを絶たず、初級、中級、上級の三クラス制で、週二回ずつ、日本人とスウェーデン人の講師が担

スウェーデン語の授業風景

当する。講習は、どのクラスも年四回実施しているが、受講者の数はすでに二千数百人に達する。この講習には、スウェーデンに赴任の決まった外交官、商社マン、留学生およびその家族が、出発までの期間を通ってくる人が多い。

スウェーデンは第二次世界大戦中、隣国のデンマークとノルウェーがともにドイツの占領下にあり、北からはソ連の脅威、南からはドイツの脅威を受け通しであったから、国防のために高度の軍備をする必要があったので、国民は十分納得の上で多額の税金を分担してハラハラと暮らしたのであった。それで、ヨーロッパに平和が到来したとき、スウェーデンの社会民主労働党の政府はその喜びを「従来の国防費分の税金は減税しない。その分を、国民すべてを対象とする社会福祉政策に回す」という宣言で表現した。そして、まず第一に困窮者を援助し、次いで国民一般の生活水準を貧困のない程度に底上げしてから、第三番目に国民全般の自由平等の福祉政策に取り掛かったのである。

研究所はその経過を追いながら、新しい政策と制度をその都度報告し続けた。

それにスウェーデンは戦時中を中立で通したために、国土に戦禍はおよばず、戦後すぐさま、勝っても負けても戦災のために荒廃した他国の復興を援助した。そのためにスウェーデンの国富は著しく豊かになって、世界に誇る福祉国家建設に向かって驀進していったのである。ちょうどその時期に、行政と外交を除く、知的文化方面での日本との交流の一拠点として研究所は創設されたのであったから、役割は最初の目標を上回って活発に動き、スウェーデンからの要人の来日を接待することも重要な役割であった。

三　研究所の将来

一九九六年の暮れに、東京の名物だった丸ビルの解体が行われて、研究所は創立以来の事務所を失うことになるかと案じられたが、幸いに六本木のスウェーデンセンターの中に、日瑞基金と共同の一室を得ることができ、安心して存続を続けることができた。

三〇年の経過の中では、創立当初の会長松前重義氏も、理事長の大平正芳氏も、所長の西村光夫氏もすべて故人となった。研究活動の核心的メンバーだった各大学の教授たちは、年とともに多数が第一線は退いたが、研究所のためには引き続き有力なアドバイザーとして援助していることはありがたい。

当研究所の名前が内外に有名になるにつれて、研究所に対する世の期待が大きくなりつつある事実は、現在および将来に向かって若いメンバーたちの責任に負うことに

スンドストレーム、イェンシェピン単科大学学長（右）

なる。

有力な研究機関にとって大切なことは、時代とともに脱皮しながら発展していかなければならないのであって、当研究所も創設時代の会長の言葉「スウェーデンは日本の復興に向かって、よい一つの見本国として研究価値である」は、とっくに過去のものとなってしまった。最近のイェンシェピンの社会単科大学学長で老人学の権威でもあるイェルト・スンドストレーム（Gerdt Sundstrom）の言葉に、研究所は耳をかさなければならない。

「スウェーデンは戦後、公的事業として社会福祉のレベルを一律に高度に引き上げてきた。だが、日本は、主として民間活力による自由な発想によって、種々様々な福祉の様式をつくり出した。スウェーデンと日本は互いに学び合っていく必要がある」

これは研究所にとって、もっとも適した提言ではなかろうか。ただし、学び合うという言葉の意味は、学び取るよりはるかに複雑で難しいが重要なことである。それにつけても、スウェーデン語が読めるのは第一条件である。三〇年間の語学講習の成果は大切に守らなければならない。

四 スウェーデン社会研究所「月報」の記事の中から私の投稿

①一院制の新国会議事堂（一九七一年、第三巻、第四号）

スウェーデンの歴史の上に特筆すべき、初めての一院制の国会が今年の一月一一日スタートした。昨年の九月二〇日、初の一院制国会議員として選挙された三五〇人が、恒例による華やかな王宮での開院式に臨んだあと、セーゲル・トーリィ（Sergel Torg）に新築になった新しい議事堂に移って、新しい国会の会期が幕を開けたのである。

ヘルゲアンズホルメン（Heigeandsholmen）にある旧議事堂は、一九〇五年以来、スウェーデンの近代史をつくり、ブランティング（Branting）から現在のパルメ（Palme）まで、歴代の首相とともに歩んできた花崗岩造りの美しい建物である。もっともこの建物は、建築美学上の価値という観点からはいつも論争の種である。一方では、その時代の建築スタイルの記念物として高く評価され、他方では、スウェーデン最大の嫌悪であるという人もいる。しかし何よりも、この古風な建物が実用的に不便である点については、誰もが一致する。二七、五〇〇平方メートルという面積のうち、約三分の二は廊下や階段や物置その他が占めていて、会期中、議員たちへの訪問者や面会人、また報道関係者の居所がなくて廊下はいつもごった返しだったという。

この議事堂での演説は総計三二、五〇〇時間と数えられているが、その中には後世に残る名演説やエピソードも数々含まれていよう。中でも一九一三年五月二一日、ブランティングに対して反対党々首リィストレーム（Rystrom）が国民年金法の訂正を要求した演説は有名で、保存されている記録は印刷でぎっしり詰まった二二枚におよぶという。

旧議事堂における旧国会の最後の日は、長老議員である前首相のエルランデル（Erlander）の印象的な告別の辞について、シャンパンが抜かれ、パルメ首相を先頭にして議員たちが手をつなぎ、両院の会議場を踊って巡り、別れを惜しんだということである。その後、旧議事堂は建築庁に接収され、当分はストックホルム州の庁舎や国立銀行に貸されることになっている。

何はともあれ、スウェーデン国会は、今年、石の議事堂からガラスとコンクリートと金属のモダン議事堂へ移ったのである。新議事堂は、スウェーデンが誇るあらゆる近代技術を取り入れた新設備を揃え、開会の日を待った。中でも、広さ一、〇〇〇平方メートル、高さ二〇メートルという本会議場の視覚、聴覚技術に見るべきものがあり、大きな会議場内での連絡、通告、記録に便利な設備が数々ある。

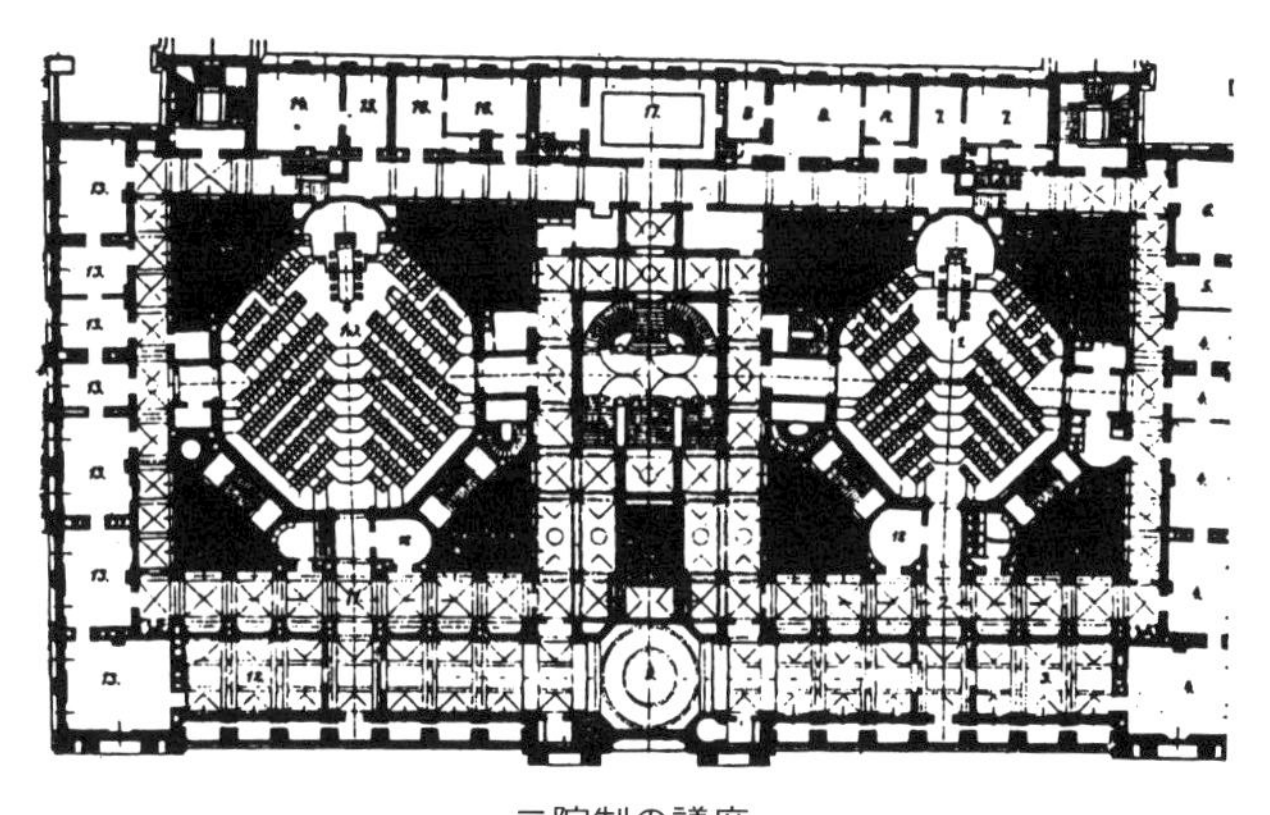

二院制の議席

まず、マイクは演説者席、議長席、事務総長席のほか、二人一組の各議員席にも固定したマイクがついている。ラウドスピーカーは、ホールでは椅子の中に取り付けてあり、演壇では手摺についている。新しくマイクが入ると、ほかのラウドスピーカーは自動的に止まる仕掛けになっていて、質疑応答の際の混線をさけている。演壇の上部に、フィリップスのアイドフォールシステムによる大映像幕があって、そこにその日の答弁に当たる人の名前と順番が出る。

場内テレビの撮影は、ホール後方に固定したカメラ二台と、前方の移動カメラ二台でする。固定カメラは演壇と議長席に向けられているが、移動カメラのほうは、議員席の一つにマイクが入ると自動的にその議員席に向くようになっていて、演説者の顔が大映像幕上に表れる。演説は通常は演壇でなされるものであるから、議員席のマイクが使われるのは返答のときだけである。

議員席にはランプが三つ取り付けてある。「マイクが入った」、「返答時間あと三〇秒」、「守衛に連絡せよ」の指示である。話されたことはすべてテープにとられるが、速記を楽にするため、カセットは五分のものを使う。

スウェーデンラジオは、議事堂から直接カラーテレビを放送するが、そのためには場内の明るさは一、〇〇〇ルックスあることが必要で、それに合わせて照明が設備されている。ところが、大映像幕は八〇ルックス以上では効果が悪いので、幕は奥行二メートルの枠の奥にかかげ、枠の内壁は暗くしてある。

投票の方法は、旧議事堂で使用していたのをさらに改良したもので、各議員席には押しボタンが四個ある。「賛成」、「反対」、「棄権」、「訂正」であって、投票の際にはまず「訂正」のボタンにランプがつく。議員があと三個のボタンのうちの一個を押して投票するわけであるが、確認の印に押したボタンにランプが変わる。同時に、電光板に各自の名前と投票結果が表示される。投票の訂正はボタンですることができる。投票が終わると集計は自動的に行われ、テレビカメラとプロジェクターにより大映像幕の上に投票結果として発表される。各議員の投票結果は、特別の写真に撮って、説明、日付、ナンバーそのほかを記入、そのまま記録として保存される。投票の前に、会議場から外に出ている議員のためには、ラウドスピーカーとテレビと両方で呼び出しをかける。また、場内テレビは常時会議場内の模様をとり、会議場の外でも内側の様子を知るようにしてある。

以上の会議場内の技術活動は、すべて右側の側面を占めているコントロール室で操作される。

　このように、新議事堂には数々の新技術を取り入れたことを誇りとしているけれども、この議事堂は本年から一〇年間を限って使用が予定されているのである。その後は、劇場そのほかの文化的目的のために使われることもすでに計画されてある。

　一〇年後には、スウェーデンの国会は、もとのヘルゲアンズホルメンに永久的な本格建築を完成させて戻る予定なのである。ここからセーゲルトーリィへと国会が移転していったときに、政府は未来の議事堂の構想を、賞金付きコンクール形式で公

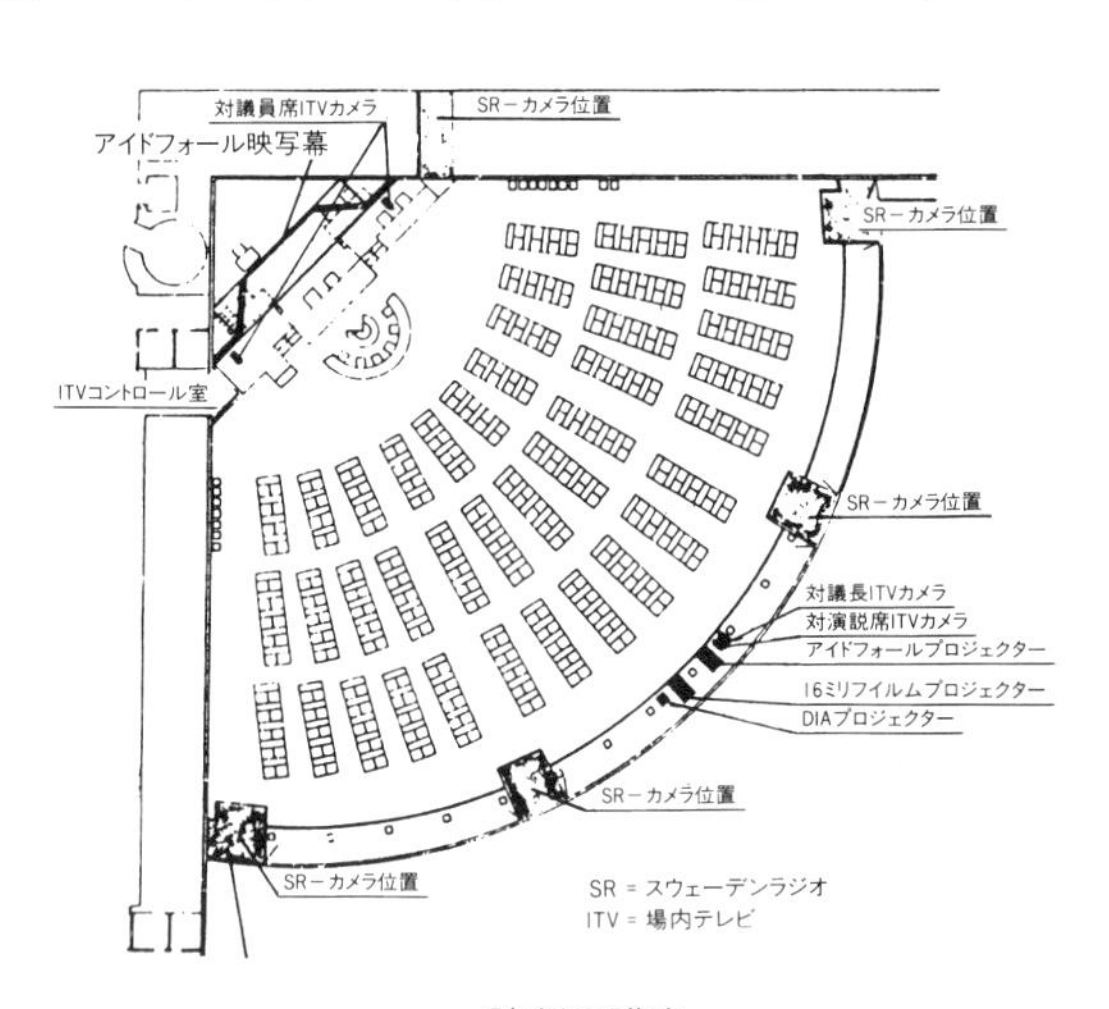

一院制の議席

募すると発表した。応募資格は北欧五ヵ国の国民でなければならないが、他国人でも北欧建築協会の現役メンバーならばよく、建築家六人でチームを組むか、または建築家の団体としても応募ができることになっている。コンクールの対象は、議事堂の建物だけでなく、現在議事堂が建っているヘルゲアンズホルメンという島とその周辺一帯の地域の整備も含まれる。建物は、今あるものを壊して新築する案でもよし、改築または増築の案でもどちらでもいいのである。いずれにしても、将来に向かってさらに拡張の可能性を残した上で、本会議場、委員会場、三五〇人分の議員室、レストラン、管理部門、サービス部門などを含んで、合計二六、〇〇〇平方メートルの面積とする。

このコンクールのために設置された「賞金審議会（Prisnämden）」は、議長を含む国会議員四人、市参事官一人、建築界団体三つから代表建築家六人をもって構成され、事務局長にも建築家を置いている。「賞金審議会」はコンクールの結果に基づいて、国会に対して議事堂建築の提案をするものである。

応募設計の審査に当たって重点の置かれる点は、将来必要の起こったとき、場所的および機能的にどれだけ拡張の可能性があるかということである。そのほか、活動性、建築学と市の美観上からの問題、それに技術面、経済面の観点など含めて審査されることはもちろんである。

「賞金審議会」が予定している賞金額は、四〇万クローネであって、これを新建築と改築案とに分けて、賞金と設計の購入価格に当てるということである。賞金は一等賞一〇万クローネ、購入価格は一万クローネ以下にならないと発表されている。

コンクールの第一期締め切りは本年（一九七一年）四月二三日である。

現在のスウェーデン議会
（出典：『スウェーデンスペシャルⅡ』藤井威、新評論、2002年）

②「ワーレンベルィ公使夫人とスウェン・ヘディン」(一九七二年、第四巻、第一号)

日本に初めてスウェーデン公使館が置かれて、初代の公使になったのはグスタフ・オスカー・ワーレンベルィであった(在勤は一九〇六年~一九一八年)。彼はワーレンベルィ財閥の一人であった。それまでは、オランダ公使がスウェーデンの公使を兼ねていた。ワーレンベルィ公使は日本と清国を兼任し、北京と東京とを交互に住んだということである。

世界の青少年の血を沸かせた有名な探検家、スウェン・ヘディンが第一次旅行のあと来日したのはその前のことであったが、第二次中央アジア探検を終えて帰国の途中、東京に立ち寄ったときにはワーレンベルイ公使夫妻は東京で彼を迎えたのであった。そのときの新聞記事の切り抜きを、私は公使夫人からいただいて持っている。残念ながら切り抜きには年号が入っておらず、新聞名も分からず、記事が切れ切れで尻切れになっている。

（その一）

「瑞典（スウェーデン）国大探検家スウェン・ヘディン氏の西蔵（チベット）等に於ける消息は、度々伯林（ベルリン）近電の報じたる所なるが、今回、東京地学協会にては、同氏を其帰欧に先だち招待せんとて、在京瑞典公使館を通じて旅行中の同氏に其旨を通じたるに、同氏は嘗て清国に於いて、当時漫遊中なりし大谷光瑞伯と端なく会見の折も、日本に遊びたしなど語りたる事ありたる程なれば、直ちに快諾し、愈々来る十一月上旬を以て来遊すべしと云う。スウェン・

ワーレンベルィ公使夫人

ワーレンベルィ公使

ヘディン氏は地理学を郷国首府ストックホルム並びに伯林等の諸大学に修めたるが、徒らに簿書推裡に……」

（その二）

「大探検家の講演

既報の如く大探検家スウェン・ヘディン博士は前日に引続き十七日午後四時半より、帝国大学第三十二番講堂に於いて、第二回講演を試み幻灯を用い、博士の自筆による絵画を写影して了解に便ならしめたり。講演の梗概左の如し。

『予は一八九九年、再び高架索のウラジカフスに入り、裏海を渡りウラスノボドスクに至り、タシュケンドを経てオッシュに進み、其れよりパシュールを越え、又カシュガルに入れり。今回の旅行はタリム河の盆地を探検するに在るなり。即ち河舟を艤装してヤルカンド河を下り、途中上陸し、駱駝を購いて茲にカラバンを組織し、河に沿ふて陸行したるが、河岸には猛虎其他の野獣出没して其危険一方ならざりし。是より東に向いてロプノル砂漠に達し、更に進路を東北に取りて進みたるに、往昔仏教旺盛を極めたる千余年前の都会が、同砂漠中に埋設しあるを発見し、亦彫刻を施せる木片文書等考古学上甚だ有益なる資料を得たり。又此都府は漢時代に於て有名なる婁蘭なる事を発見したり。或学者は善意を以て婁蘭の遺跡となしたるも、予は同地より遥かに東北に在ることを知れり。尚其付近に村落の遺跡ある事をも発見し、此地方が曾て殷富の地たるを想像し得たり。是れより夏季炎熱の候を利用し、南して西蔵に向えり。即ち東西に連なる数多くの山脈を越え、ラッサの北に当るテングリノルの湖水を北に距る行程一日の処に達したるが、此時はラッサは尚ほ秘府たりを以て、ラッサを……

……険談なればその一節を次に紹介せん』」

(その三)

「危険の地というのは、支那トルキスタンとて、東南は蜿蜒たる崑崙の連峰に劃され、北に向て涯なくトルキスタンの砂漠開け、中にロクノールの湖水を湛へ、其水溢れて河をなし、中流二派にわかれ西するをジャーチンダリア東するをホータンダリアとなす。余は一歳冬の最中ジャーケンダリアの東岸より砂漠不毛の大荒原を横断して、東ホータンダリア州に達せん計画を立て、キルギース土人数人と駱駝数頭に荷物を積みて出立したり……」

「砂漠の波といえる許多の砂丘、行手を七重八重に遮れる間を辿り、村落に着せし折、従う土人は突然最肥せる駱駝を率いて森中深く逃げ去り、待てども帰らず、已むなく残れる従者と駱駝を引具して進みたるも、飲用水欠乏して従者疲れ、駱駝衰え三日の程に相次いで倒れ、終にカーミンという従者一人と痩せ駱駝一頭となりぬ。今は……」

（その四）

「一生懸命、進むより外なしと雖も渇したる咽喉は医せざる可らず、依て駱駝を屠りて腹中の水を飲んで僅かに死せざるを得たり。砂漠の地、昼は炎熱焼くが如く、夜は又凍ゆるほどの寒さなれば、日没頃よりは全身を焼砂に埋め首のみ地上に差出して夜の明くるを待つ、精神亢奮のため連夜一睡もせざりしかば、カーミンついに悶絶し、博士只一人となり物淋しくもジャーチンダリアを出立してけり。(つづく)」

(その五)

「『エンサイクロペヂア』

志賀重昂君曰くヘディン博士の英語の発音はさして我々と異なる処はないが、其用詞の流麗なるは実に感服の至りである。或人は之をラスキンに比したが、夫程までに至らぬともたしかに近い。同君は余程感服したものと見え、接迎式の終わるやヘディン博士に対し、君は実に第一流の文学家であると云うと、博士は破顔一笑、余豈に之に当たらんと飽まで謙遜なる態度で答えていた」

それから四〇年経った第二次大戦下のスウェーデンで、私どもはワーレンベルィ夫人ともへディン博士とも、何度もお会いする機会があった。夫人は大の日本びいきで、大きな邸宅の一室に「日本の間」を造り、ここへ入るとまず明治天皇、皇后のお写真に最敬礼を命ぜられた。日本から持ち帰られた人形や道具でストーリーをつくり、部屋いっぱいにパノラマ風につくった飾り付けは夫人の自慢の種であった。日本の開戦によって、日本の侵略に対する非難が沸き起こったとき、夫人は日本の正義を弁じまくられたものである。前掲の新聞記事は、ある日夫人が私をお茶に招いて、ヘディン博士の羽織袴の写真とともに下さったものである。夫人と博士はどちらも当時もう八〇歳に近い高齢であった。

そのころの博士は、五〇年以上にもわたった探検生活を静かに顧みて、もっぱら著述に精を出していたのであった。頭は驚くほどはっきりとしており、難しい日本人の名前もよく覚えていた。戦時下、中立に苦慮していたスウェーデンで、博士はそのドイツびいきと日本びいきを遠慮会釈もなくはっきりと表明し、一九四二年二月一一日、瑞日協会の晩餐会の席にシンガポール陥落の報が入ったときの博士の喜び方は大変なものであった。宴席ではよく隣に座り合わせ、目の不自由だった博士のために、鱒の骨をぬいたり鳥の身を切ってあげたりしたとき、いつも「ありがとう」と私の手を包むように握った博士の大きな手は、生涯を探検に終始した人の手とは思われないほど軟らかだった。

ヘディン博士が一九五二年一一月二六日、ストックホルムで八七歳の生涯を閉

スウェン・ヘディン

じたとき、世界中の新聞とラジオはその死を惜しんだ。ところが、その日よりわずか二五日前、一〇月三〇日にワーレンベルィ夫人もこの世を去ったのである。

③ガブリエラ・ガデリウスと私（一九七二年、第四巻、第八号）

私がスウェーデンへ行ったとき、クヌート・ガデリウスはすでにこの世にいなかったが、その夫人ガブリエラは一九四一年以来、六八年に彼女が死去するまで、私にとって国境を超えた親友の一人であった。

ガブリエラとの交際のうちでもっとも感激的だったのは、一九四五年八月一五日、日本敗戦の日、チョコレート一箱持って私を訪ねてきてくれたときのことである。ストックホルムの我が家で、手を握りあってさんざん泣いた揚げ句、彼女はきっと態度を改め、「日本は必ずまた立ち直りますとも」と言った。この言葉を、私はその後の苦しかった最中も、少しずつ楽になり出した途中にも、また今日も思い出す。異国でのあの日を迎えた私に、誰があれだけの慰めと励ましをくれただろうか！

ガブリエラ・ガデリウス夫人

ガデリウス商会は、戦時下でも日本に踏み止まり、ついに頑張り通したが、終戦後はすでに成人した息子たちが次々と来日し、父の遺業の再建にとりかかった。息子たちは何年目かごとにお母さんのガブリエラを日本に招待し、日本滞在の楽しみをさせてあげた。その度に私は彼女と二人きりのおしゃべりの時間をもち、彼の地での友情と理解をますます深めていったのである。戦後の日本についてもスウェーデンについても、問題は問題を生み、いつも私たちのおしゃべりは切りがなかった。一九六四年には、私もスウェーデンを訪れる機会があり、その滞在中も何度も彼女に会うことができた。私が彼女にもっとも負うところは、数え切れないほど彼女と会ったその会話のうちに、戦中から戦後、それから今日に至るスウェーデン社会の移り変わりを、自然に私に伝えてくれたことである。本や資料によって知った私のスウェーデン知識を、裏書し、補足し、説明してくれた結果となったのであるが、それは彼女の温かい人柄と高い教養、識見のおかげであって、私は限りない感謝と尊敬を捧げている。

私が彼女と知り合って以来三〇年の間は、スウェーデン社会の変化は驚くべきものである。資本主義ブルジュア階級の未亡人であった彼女が、民主社会主義路線による政策が進行する社会に住んで、刻一刻住みにくくなっていったことは火を見るよりも明らかなはずであったのに、彼女は一回も愚痴らしい愚痴を言ったことはなかった。「ガブリエラは気の毒に」という言葉は、周囲から私の耳に入ってきたのに、彼女は新しく変化する時代を理解し、その波の中で生きる道を把握し、心の安定を失わなかったことに彼女の偉さがあったと思う。

私が知った初めのころ、ガブリエラはサルシェバーデンの大豪宅に、タロー、ジロー、サブロー、シロー、ゴロー、キクコ、ヤエコの七人の子どもと、何人かの召し使いを使って住んでいた。広い邸内にはテニスコートもあった。そのうちに子どもたちが、上から結婚したり、独立したりし始め、日本の終戦のころには、ガブリエラはストックホルムの中心地に近い大きなアパートに移っていた。一九六四年、私が訪れたときは、子どもたちが全部巣立ったあとで、八〇歳に近い彼女はまったくの独り暮らしとなり、高級住宅地の古い小さなアパート住まいだった。昔からの立派な家具調度を三部屋に縮小し、掃除から炊事の家事一切を自分一人でやっていた。公的なホームヘルパーは、それぐらい元気なおばあさんには派遣されなかったし、民間の人手はもうすでに皆無のスウェーデンのことであった。「あのキャフェテリアは、私もよく行くがおいしいですよ」と、彼女は何気なく教えてくれたが、昔の彼女の生活振りを知る私にはまったくショックであった。

彼女は、自分の収入は国民年金プラスの企業年金だが、収入の八〇パーセントは税金に取られると言った。でも、自分はまだいいがＫは大変だと、私たちの共通の友達Ｋを案じていた。Ｋは若くて未亡人になった人だが、有名会社の株主で、その収入で子ども二人を育て上げ、中流の安定した生活をしていた人である。スウェーデンの税制に財産権が導入されてからは、株の収入で暮らす人は、所得税のほかに株そのものに年々税金がかかることになり、ひどい痛手となったのである。Ｋが六七歳になったとき、国民年金受給の資格がついたと、手紙に託したＫの喜び方は今も忘れられない。

ガブリエラがまた私に話してくれたのは、ガデリウス商会に勤めていた運転手夫婦の話である。彼らは今では夫婦で国民年金をもらい、新しいきれいなアパートに住んでいるが、ストックホルム市から住宅手当てをもらい、家賃はいらない。子どもたちは全部独立し、夫婦二人きりの生活だが、彼らは運転手時代と大体同じ程度の生活ができ満足している。二人がもっと年寄りになって、いよいよ独立所帯がもてなくなれば、老人ホームに入れてもらえる手がある。ところが、自分は今ある老人ホームには入れてもらえない。今のところはいいが、もっと年をとって弱くなったときのことが不安だと言っていた。彼女はそのことが心配だったので、あるとき、郊外にあるキリスト教団の経営する私立ホームを見に行った。ここは私も行ったことがあるが、景勝の地にある高級老人ホームで、病院も付属しており、設備万端完備しているが、ガデリウス家といえども躊躇せざるを得ないほどの高額な費用のかかるものであった。

ガブリエラが最後に来日したのは一九六七年の秋で、株式会社ガデリウスの創立六〇周年のお祝いのためであった。夫の始めた会社が息子たちの手でますます隆盛になっているのを目の前に見て、彼女はどんなに感慨深く、このお祝いに列席したか。この来日の折り、彼女は満足すべき住居が手に入ったと繰り返し話してくれた。それは、ストックホルムから郊外へ電車で三〇分ほど行った終点にあるニュータウンのアパートで、「サービスハウス」と呼ばれる掃除や洗濯のサービス付きのアパートのことであった。それは新しい規格のマンモスアパートの一つで、設備などは便利にできてはいるが、今までのガブリエラのどの住居にもあったような風格などがあるはずはなく、部屋割りも小さく、第一に市の中心から遠すぎた。サービスハウスは普通一部屋から三部屋であるが、ガブリエラは三部屋が得られたとそれは満足そうであった。ガブリエラは、こうして一応の安定を得たのもつかの間、東京から帰って年が改まるとすぐ、そのアパートで突然に逝ってしまった。

ここでまた、彼女のよく言った言葉を思い出す。

「政府は今のところ、大衆の最低レベルを持ち上げる努力をしているけれども、そのうちに私たちにも都合のよいようになるでしょう」

彼女の亡きあと、またスウェーデンへ行ったとき、やはり彼女と共通の友達Ｓを訪問した。Ｓも郊外に邸宅をもつ未亡人だった。Ｓも老齢になったので、息子が老母に独り暮らしをさせておけないと、その家を売って、新しくできたばかりの老人専用のサービスハウスに移るようにアレンジしたところであった。何十年も住み慣れた家への惜別の情やる方ない彼女と、美しい環境に設備よく建てられた新居に収まって、満足した彼女と二回の対面はまことに印象的であった。ガブリエラの在世中には、彼女の手の届くところに、こうした心温まる老人施設はまだできていなかったのだ。なるほど、彼女の言った通りになったと思ったことであった。

このあと私は、サルシェバーデンの昔のガデリウス家の側を通りかかる機会があった。邸宅はそのまま「ヴィラ・ガデリウス」と名付けられて、サルシェバーデン、コミューンのものとなり、集会所として使用しているとのことであった。テニスコートのあった場所には、公立の老人ホームが立っていた。

新しい老人ケアセンターの前で

私は、ガブリエラとは戦前から仲よく交際していたので、スウェーデンが戦後福祉国家へと変身していく過程を通して、彼女は私にこの国の名高い「老人福祉」政策の推移を、身をもって見せてくれたのである。スウェーデンにはもともと大財閥はなかったが、ガデリウス家は明治以来の日瑞貿易の成功者であって、裕福な社会階級に属していた。その家族の中の未亡人が時代とともに、自由平等の見本といわれる民主社会主義国家の一老人として生涯を終えるまで、彼女は絶好のモデルであった。彼女の円満な人格と英知は変わりゆく社会情勢を素直に受け入れ、自分から適応していったのだから本人も満足であったであろう。ずっと見守っていた私にとっては残念さが残る。それは、彼女がこの国の老人福祉政策の完成の前に逝ってしまったことである。もう少しのことで、彼女は彼女の身分なりの住居もサービスも受けられたのにと思うからである。

④「ルシア祭について」（一九七二年、第四巻、第一一号）

スウェーデン人は、毎年クリスマスを間近に控えた一二月一三日に、ルシアのお祭りをする。そのころは冬至近くで、南北に長いスウェーデンでは、北部は夜ばかりの日が続き、南部でも昼間は四、五時間しかない。しかもその昼間も空には厚い雲がたれこめて、太陽を見ることはない。そういう季節に行われる光の祭りが「ルシア祭」なのである。これは本来は家庭の行事で、主役は各家庭の娘や親類知人の女の子である。この日の朝まだ真っ暗なうちに、ルシアになった女の子は純白のガウンに赤い帯をたらし、頭にはコケモモの葉で飾ってロウソクを五～六本立てた冠をかぶって、両親や家族がまだ眠っているベッドを訪れ、コーヒーとルッセカッテルという特別のパンをサービスする。そのとき歌うのがサンタルチアのメロディーである。今日では家庭の行事だけにとどまらず、小・中学校や病院や職場や社会施設でも盛んに行われている。また毎年、各地方でもルシアのコンテストがある。

一年のうちでもっとも陰欝な季節に行われるルシア祭は、クリスマスの前奏曲としての役割も兼ね、スウェーデンの楽しい年中行事の一つに数えられているが、今日のような形で、全国的に盛んに行われるようになったのは、わずか五〇年ほど前からのことである。それまでは、西海岸の海岸線に沿った地方の、農民の間でひっそりと受け継がれていた光の祭りであったという。しかし、ルシア祭の由

ルシア

来については神秘の謎に包まれている。キリスト教の渡来以前、スウェーデン人は北欧神話の神々を信仰していた。そのころの暦で、一二月一三日は一番夜の長い日とされており、その日に光の女神を迎える儀式をすると、翌日から一日一日と日が延びていくと信じられていた。その儀式とは、赤々と火を燃やし、困っている人々や鳥獣にまで食物をほどこしたという。原始時代の北欧人が、暗い暗いこの時期にどんなにか光にあこがれ、それで光を呼ぶ祭事をしたであろうことは容易に想像される。

一方ルシアというのは、紀元三〇〇年のころ、イタリアのシシリー島「Syracuse」にいた娘の名前で、当時まだキリスト教が公認されていなかったのに、母親の病気が治ったことからキリスト教に帰依し、堅く信仰を守った。彼女は、金持ちの許婚者の意に反して慈善を続けたため、彼はローマ提督に密告されて捕らえられ、いかなる責め苦にあっても信仰を捨てず、遂に処刑された。キリスト教が普及するにおよんで、彼女は聖者に列せられ、サンタルシアとなった。ルシアの命名日が一二月一三日であるところから、今でもイタリアそのほかのカトリック教国では、この日にサンタルシアの祭りをする。

スウェーデンにキリスト教が定着し始めたのは紀元一〇〇〇年ごろであるが、初めはアイルランドから西海岸に渡来し、海岸沿いに広まったのである。それはカトリックであったから、当然サンタルシアの祭事も西海岸地方に伝えられたと考えられる。

また、ヴァイキング時代に人々は日の神を崇め、太陽の再び戻ってくる日を祝う行事をやっていたから、キリスト教がスウェーデンに布教を始めたばかりの時代にサンタルシアの話は、新しい光の神としてスウェーデン人に受け入れやすかったのかもしれない。とにかく、カトリックのサンタルシアは、異教の光の女神と、スウェーデンの西海岸で同居していたであろうことは考えられる。

その証拠といえる一つの伝説がある。それは、ルシアは北欧神話の女神フレーヤの後継者であって、よい年の先触れの女神である。ルシアは白い装いをして、一年中で一番夜の長い日に現れ、長い角(つの)製の容器から蜂蜜酒を注いでくれるが、それがよい年を与えるシンボルだというのである。ルシアの訪問を受けたその家の主人は、気前よく人々に食物を振る舞い、来る年の一家安泰を願った。ルシアは、親切、慈善、好運、光のシンボルだというのである。

この蜂蜜酒が、いつのまにかコーヒーになったのかもしれない。ルッセカッテルのほうはサフランを入れて焼いた黄色をした甘いパンで、その形はルシア祭にしか用いないいくつかの種類に限られている。昔から地方（今の州）ごとに特別の形が定まっていた。今日ストックホルム市などでは、そのうちの数種が市販されているだけであるけれども、北欧博物館には全部の模型が並べられている。

ルシア祭の記録として一番古いものは、ストリンドベルィの書いたものの中にある。ストックホルムのトリイヴィアル学校の学則（一六五五年）の中にルシアの歌が引用されているもので、ストックホルム市がこの日を祝うことに反対であったのにもかかわらず、学校はこれを許したと記されている。また、一七四三年にルンド大学の寮でルシア祭が初めて行われ、それはこの日の朝六時半に、特別の教授の部屋にロウソクがつけられたという記録がある。

今日、スウェーデンの外貨減少の原因の一つとして国民の国外旅行が挙げられているほど、スウェーデン人はよく旅行する。行く先の大部分が、スペインとかイタリアとか、強い太陽の輝く国々であるということは、スウェーデン人がどんなに太陽にあこがれているかを示すものであって、それはまったくあの暗い陰気極まりない冬の気候からきている。電灯がこのように普及し、どんなに暗くても日常の生活に支障をきたすことがなくなった現代においてさえ、この通りである。暗さが生活の不自由さであった古代の人々が、年中の一番暗い季節に、せめて太陽が輝くという南の国のメロディーを歌って、光を迎えようという宗教を越えた行事をし、それが世代から世代へ伝わったといっても不思議なはずはないのである。

⑤「故グスターフ六世と国民」（一九七三年、第五巻、第一〇号）

スウェーデン国民の敬愛の的であった国王、グスターフ六世アドルフ陛下は九月一五日崩御になった。高度の社会民主主義を実践し、社会福祉国家の見本であることを世界の中で自他ともに許しているスウェーデン国民が、あのように国王を敬愛し、王制に付随する伝統的な行事を喜ぶということは、外からは一見矛盾しているかに見える。ことに最近では、政府党である社会民主党が掲げるスローガンは「平等の増進」であって、政策のあらゆる面で国民の平等を目標とする施策が強力に推し進められている。それでもなお国民が、国王グスターフ六世に対して文字通りの尊敬と愛情を保ち続けていたことは、不思議にさえ思われる。その感情は単なる古いものに対する愛情とか歴史の惰性などというものではなく、国民が心から国王を好きだったとしか思われない。九〇歳という高齢にもかかわらず、いろいろな機会に元気に国民の前に姿を現されるのを、誰もが我がことのように喜び、また国民の誇りとさえしていただけに、この夏、ソフィエロの離宮で突然発病されたことは国民にとって大ショックであった。

ソフィエロは、グスターフ六世が一九〇五年、二三歳で結婚されたとき、祖父のオスカー二世からお祝いに贈られた城で、南スウェーデン、スコーネのデンマーク対岸に立っている。王はそれから約七〇年の間この城を愛され、毎年夏の大部分はここで生活され、五人の王子王女にとっても切り放すことのできない場所である。王はこの城にしばしば外国の賓客を迎えられたが、先年、秩父宮妃殿下も王の招待でソフィエロに宿泊されている。

王はついに九月一五日崩御になった。総選挙の前夜のことである。社会民主党は、王の在位期間中ずっと政権を担当し、王とともに戦後の福祉国家を築き上げてきたのだが、この度の選挙では第一党になるのが難しいのではないかと危ぶまれ、世界中が選挙の成り行きを注目していた。そんな重大な選挙を明日にひかえて、王は崩御になったのだ。

スウェーデンは王制を廃して共和制をとるべきだという論議は、もうすでに何十年も前から国中にあった。グスターフ五世の時代にも、今スウェーデンが大統領を選挙したならば、おそらく国王が当選されるだろうと大きく新聞に出たことがあったが、グスターフ六世の時代には、共和制の主唱者たちでも国王が大好きだったといわれる。そこで、グスターフ六世についての新聞雑誌の記事を拾ってみることにしよう。

「王は徹底的に善良な人物だった。しかし、国の元首たる人間は善良だけでは足りない。王というものはとかく争闘や不和の源にされやすい。ところが、我が王は万人の認めるように、君主をとりまく組織の力と、王の人間個人に対する国民の好感と賞賛のおかげで、我が国の民主的な各政党をすべて一致協力させた。老王が常に驚異的な英明さと手練を示されたことは周知の通りで、どんな状況に

処しても王として稀にみる天才的職業人であり、その職務をまったく平気でやってのけられた」

「王が成長された時代は、王とか帝とかは神の恵みを受けた支配者であって、当時の君主は個人的な権力をもち、国王は事実、代表的な絶対者であった。父王グスターフ五世はなお絶対権威者であった。もっとも、のちにはだんだんと民主的会議制に適応せざるを得なくなったが、グスターフ六世は当初からの民主的君主、すなわちデモクラシーのシンボルとして、個人的権力をもたない元首として登場された」

先王の崩御によって、王が即位されたのは一九五〇年、王の六八歳のときであった。スウェーデン人なら誰でも、六七歳は国民年金がついて引退する年齢である。王はその年齢をすぎてから、王のキャリアを始められたのである。王は「何よりもまずデューティー(義務・責任)」をモットーとされたので、国民は王に「ミスター・デューティー」のあだ名を奉ったほどである。在位二三年の間に、スウェーデンの福祉国家建設のためには深い関心と理解を示され、国民の信望と敬愛を集められた。

王の最大の不幸は、一九四七年に長子の王子グスターフ・アードルフを飛行機事故で失われたことである。当時、王はまだ皇太子の身分であったが、将来ご自身の後継者となられる王子が死去され、後継者は一代飛んでわずか二歳の、王の孫カール・グスターフになってしまったのである。老王が、かわいらしい幼い皇太子とともにパレードなどされている写真は人の胸を打つものがあった。

幸いにカール・グスターフは見事に成長され、現国王カール・グスタフ十六世となられた。

---

⑥「今年の議会開院式」（一九七五年、第七巻、第六号）

スウェーデンの新憲法が一九七五年一月一日から発効となったことは、スウェーデン国民は百も承知していたところであるが、一月一〇日の議会の開院式がまったく新しい形式で行われたのを見て、国民は現実問題として、新憲法の意味を改めて思い知らされたようである。

昨年までは、毎年一月の議会の開院式はスウェーデンのもっとも豪華な、もっとも荘重な祭典であった。あの合理主義的なスウェーデン人がどうしてかと不思議に思わざるを得ないほど、昔の夢を見るようなきらびやかなこの開院式の式典を、スウェーデン人は大好きだった。式典の進行中の時間は、総人口の五分の一はテレビの前に釘付けにされるといわれていた。王宮内の「国家広場」と呼ばれる天井の高い大広間で、式典は一一〇年ほど昔、グスターフ三世がこの場所で始められた式典の伝統を守り、古式に則って今日まで引き続き行われてきたものである。王冠のついた玉座には、ヘルメリンの毛皮のマントを敷いて国王が正装で着席され、王の右側には歴代の王に伝わる宝石をちりばめた王冠が、左側には宝剣が置かれている。王妃王女は長いトレーンをお裾持ちに持たせて入場し、居並ぶ高位高官は礼装に勲章をつけ、夫人たちはお揃いの宮廷服で居並ぶ。外交団は色とりどりのお国ぶりの正装で一廓を占める。王室親衛隊がこの日だけは昔風の制服で式典に奉仕する。そうして国王は神に加護を祈られてから、通常国会の開会を宣せられるものであった。

憲法改正案は、一六年間にもわたる審議検討の末、一九七三年春、議会で一回可決され、その年の秋、総選挙を経たのち、七四年春、新メンバーの議会にもう一度上程されて可決され、本年の一月一日発効の運びとなったものである。前王グスターフ六世はこの経過の最中に、「総選挙の前日」崩御になった。一九七四年の開院式がどうなるか国民は固唾を飲んで案じていたのだが、若い新王によって、先王の時代のままの開院式が古式通りに行われた。新王にとっては最初で最後の開院式、国民にとってもこれが見納めと、新聞雑誌は惜しみなくページをさいて式典の様子を報道した。

しかし、この時点では翌七五年の開院式がどんな形式になるかについて、何一つ決まっていたわけではなく、人々は想像のしようもなかった。新憲法になっても国王が国会の開会を宣せられることは定められているのだが、国王が王宮の中へ議員を召集される祭典ではなく、国王が議事堂へ出向かれる儀式に改まったのを国民は知らなかった。

スウェーデンの国会議事堂は、一九〇五年から一九七〇年までの六五年間は王宮の前にある議事堂が使用されたが、二院制の廃止、一院制の発足とともに、議事堂はストックホルム新市街の中心地に新しくできた文化センターの中に移った。本格的な議事堂ができるまでの仮のものとはいうが、内部の設備万端が近代技術を網羅しているといっても、外観は真四角い一つのモダンビルディングの一フロアーであるから、一国の国会議事堂として威容は全然ない。

一九七五年の開院式は、この新しい議事堂で行われたのであった。新しい議事堂には玉座はなく、開院式の式典用には、演壇の前に特別のプラットホームがしつらえられ、その上に同じ型の椅子が並べられた。国

ストックホルム文化センター内の新国会議事堂

王は前列中央に、右に国会議長と首相、左にベルティル殿下（新国王の大叔父）と侍従長、後列には三名の副議長がそれぞれ着席した。そこで国王は短く通常国会の開会を宣せられた。「背広の国王が、エスカレーターで議会の開院式へ」という見出しの写真入りの新聞記事には、不満や落胆ばかりか悲しみさえ込められていた。

旧憲法は一八〇九年にできた政府法と、一八六六年にできた議会法が主体をなし、王権と議会の権力とは五分五分であった。以後、今日に至るまでの歴史の中で、度々条項の修正があってだんだん王権は後退し、主権在民の趨勢が強まっていきながら、一九七四年一二月末日まで通用した。

新憲法は、その第一章第一条に、

「すべての公的権力は国民から発生する」

としてあり、国民は、国民が選出する代表を議会に送ることによって、公的権力を行使するという意味が改めて明文化されたわけである。国王は国家の代表者として国家の象徴的地位に留まり、政治的権限は大きく後退した。この憲法改正はスウェーデンにとって、まさに「平和裡の革命」であるといわれるほどの歴史的大事件なのである。

国王の権限縮小の第一は、カール一五世以来一〇〇年間にわたって、王宮内「閣議の間」で国王を議長として行われた閣議が廃止されたことである。

次に国王が法律や政令に署名される必要がなくなった。それで今後は、「法律第〇号、ストックホルム王宮にて」と、必ず法律の冒頭についていた言葉は見られなくなる。

スウェーデンは、今までよく「Kungliga」すなわち「Royal」の字を使用した。今後はなるべく、「Kungliga」を使わないようにということになったが、外国へ出しているスウェーデン大使館は引き続き「Royal Swedish Embassy」と称する。また、スウェーデン駐在の外国大使の信任状も引き続き国王に奉呈すると決まった。

しかし、象徴国王の地位には、思いの外大きな権限が残されている。その一つに、国王は重大な政治問題について希望されるならば、報告閣議を召集されることができる。そのときには「閣議の間」が使用される。

国王は引き続き陸、海、空三軍の最高階級にあって、戦争に関する権力についての最高責任者である。また、外交会議の議長という重要ポストももっておられる。

新憲法制定の際に問題となった一つに、女子の王位継承を認めるかどうかということがあった。スウェーデンには従来から女子に王位継承権はなかったが、王室筋は強くそれを希望した。世論調査によれば、国民の大多数は王制の存続を希望し、そのために女子の王位継承を認めるべきだという意見をもっていると出た。市民党の各党も憲法改正の際に、女子の王位継承権を組み入れようと努力したが、社民党と共産党の否決にあって、ついに成立しなかった。現国王は独身で、王位継承権のあるのは大叔父に当たられる六二歳のベルティル殿下お一人である。国王が結婚されても王子をもうけられない限り、王制は現国王で消滅してしまう運命にある。女子の王位継承を頑強に認めない人々の意図するところは、王制の自然消滅をねらっているのである。

スウェーデンは確かに平和のうちに憲法改正を行った。その効果は、今後徐々に表れてくることになろう。

第四章　エルサ・ベスコフ

一　エルサ・ベスコフと私

夫がスウェーデン駐在武官に任命されたのは、日・独・伊三国同盟が結ばれ、枢軸国の威勢のよかった一九四三年（昭和一五年）の秋であった。翌年には私も龍二を連れ、上三人の子どもを義妹に預けてスウェーデンへ旅立った。大東亜戦争の開戦はその年の一二月であったから、敗戦後の帰国までの間の五年間を、私は子どもたちとは離れ離れに暮らさなければならなかった。少なくとも、私には思いもかけなかった戦争の勃発によって、いつまでという目処（めど）もなく子どもと引き裂かれたままの母親であったが、武官女房のきびしい勤めは夜も昼も忙しく、子ども恋しくと泣く暇はなかったが、ときどきふと子どもたちはどうしているかと思うと、矢も盾もたまらない苦しさであった。

そのころ、街へ買い物に出たときよく気がつくのが、本屋の児童書売場の一角にあるコーナーであった。それは女性の人気絵本作家エルサ・ベスコフ（Elsa Beskow、一八七四〜一九五三）の作品コーナーで、大きなサイズの絵本が二、三〇冊重ねて置いてあったが、表紙の色が穏やかで美しく目を引いた。開いてみると、いかにも和やかな子どもの絵に短いテキストか詩がついていたが、私にも分かる短いもので、それが絵とピッタリの調和のよさに私はすっかり魅せられてしまった。

私は街へ出たとき、一冊ずつ買い求めてきては、身近に置いて暇な時間に眺める楽しみを覚えた。そこには、芸術的な美とは別に私を引きつけるものがあり、それは作品のどれにも共通に底流をなしている無限の母心であることに気がついた。母でありながら、子どもたちのために母の勤めを果してやれない切なさに悩む私を、捕まえて離さないのはそれだと気づいたのであった。

戦時下のヨーロッパと日本の交流手段は、郵便も交通機関も途絶え、ドイツが健在の間はベルリン経由の電話と電報だけであった。電報はストックホルム——東京間で毎日のように暗号電報の往復があったが、私的な連絡はわずかに三ヵ月に一回ほど、ほんの数分間電話で子どもたちと話すことができたぐらいである。当時の電話は、ときには明瞭なこともあったにはあったが、とかく雑音が多くて、ほとんど子どもたちの無事を確認するだけであった。

いつかは忘れたが、あるときベルリンからの連絡で、日本から潜水艦がドイツへ到着したといって、思いもかけない子どもたちの手紙が届けられた。「欲しがりません勝つまでは」の手紙を抱きしめながら、返事を認める私たちであった。手紙には万年筆を一本ずつと、エルサ・ベスコフの絵本を一冊添えて復路の潜水艦に託した。もちろん、絵本の年ごろの子どもたちではなかったが、切ない母心をせめて届けたかったのである。その後も潜水艦の便のある毎に手紙とエルサ・ベスコフの絵本一冊を託したが、ドイツと日本と両国から発進した潜水艦は全部が目的地へ到達したわけではなく、途中攻撃されて沈んだものも何隻かあった。

帰国後に私の手許に戻ってきた何冊かのエルサ・ベスコフを、私はいろいろな思いを込めてどんなにいとおしく思ったか分からない。それにストックホルムから引き揚げの際にトランクの中に入れてきたエルサ・ベスコフともども、私の手許には数冊のめぼしい絵本が揃っていたが、戦後しばらくの混乱期は、一家六人が食べていくこと、子ども四人を学校へ通わせることで精いっぱいで、エルサ・ベスコフの絵本を眺めるどころではなかった。

何年か経つうちに、ようやく日本にも復興の兆しが見え始め、我が家にも落ち着きが戻ってくるころ、瑞子はすでに結婚して子どもも生まれていた。私が初孫を膝に乗せて、エルサ・ベスコフの絵本を見せながら日本語で話してやると、子どもは「キャッキャ」と喜んだ。それからの私には、この本の良さを日本の子どもたちにも味合わせてやりたいという希望がむくむくと沸き上がってきた。

そのころ、福音館書店から絵本の出版がようやく始まっていたので、私は松居直社長を訪ねた。それまでに何度かスウェーデンを訪ねる機会があったので、私のエルサ・ベスコフの蔵書はふくらんでいた。そのときの松居氏の言葉は忘れもしない。

「私は、エルサ・ベスコフの評価においては日本一だと自負している。時期がきたら必ず私の手で日本に彼女を紹介する。だが、今日の日本はまだその時期ではない」

それから待つこと一〇年、松居氏は私に『ペレのあたらしいふく』の翻訳を頼んでくださり、続いて『ブルーベリーもりでのプッテのぼうけん』の翻訳も私にさせていただき、福音館書店のエルサ・ベスコフは日本の書店の店頭にも並んだのであった。一九七六年（昭和五一年）のことで、私がエルサ・ベスコフを見初めてから三五年の月日がかかった。

だが、意外にもこの絵本の日本での反応は期待を裏切り、日本人の教養からいっても美意識の程度からいっても、エルサ・ベスコフはもっと高く評価されるべきなのに、「どうして？　どうして？」の疑問は容易に解けなかった。早く言えば、どうしてもっと売れないのだろうと不思議だった。苦しい戦争と敗戦の痛手に痛めつけられた日本人にとって、エルサ・ベスコフを受け入れるのに三〇年はまだ短すぎるのかとも初めは思ったが、年月が経っても売れ行きは延びなかった。

ところが、平成九年になって、『ペレのあたらしいふく』の売り上げが上半期にとんでもない急上昇をした。『ブルーベリーもりでのプッテのぼうけん』のほうもグングンと延びた。「どうして？　どうして？」、私は嬉しい悲鳴を上げたが、その原因を、私はやっと突き止めることができた。

原書の表１

邦訳書の表１、福音館書店刊

二　福音館書店会長、松居直氏の手紙

それは私が、福音館書店会長の松居直氏から今年六月二五日付けの手紙をいただいたからである。それによれば、松居氏はかねてから日本基督教団出版局が発行している月刊誌『信者の友』に連載執筆をされているが、今年の六月号と七月号においてエルサ・ベスコフを取り上げられたといって、その記事のコピーも同封して送ってくださった。『ペレのあたらしいふく』の日本語訳は、福音館から二〇年も前にすでに発行されている絵本ではあるが、この度、松居氏は改めてその解説を雑誌に載せられたのであった。松居氏は私への手紙の中で、「『ペレのあたらしいふく』は、見れば見るほど貴重な作品だと思います。この絵本を出版できて本当によかったと思います」と書いてくださったが、松居氏のこの気持ちが短い氏の解説の中で、日本人、とくに世の母親たちにエルサ・ベスコフの真価を十分に知らせたためであったのだろう。まさ

に、爆発的な売れ行き現象を起こしたのであった。

それに、松居氏の手紙は、私にとっても目が覚めるほどの感動を引き起こしたのであった。

私自身がエルサ・ベスコフの作品にかねがね魅せられていたことは前述の通りである。それだからこそ、私は彼女の作品が読者の年齢に関係なく、時代や社会情勢を越えて人の心を引きつける秘密がどこにあるか探りたくなったのであった。

そこで私はまず、スティナ・ハムマル（Stina Hammar）著『エルサ・ベスコフの伝記』（ボニエル社、一九五八年）を通読したり、北欧児童文学の評論などをあさって、この不朽の名作の世に出た背景に接してみようとしたのである。彼女の生い立ちや経歴を読んでいくうちに、あの穏やかな温かい文学作品からは想像もつかない彼女の魂の苦悩を知り、一人の人間がこんなにも相反する二つの面をもち得るものかと、私にとって解決不可能の課題となったのである。

それをこのほどの松居氏の手紙で、私はまるで目を醒まされたように、一歩この課題に近づけた思いがする。松居氏の解説によれば、エレン・ケイによる母としての子どもの躾けに対する考え方をエルサ・ベスコフが完全に受け継いだのであって、彼女の絵本の中には一貫してそれが示されているという。それは神に捧げる感謝であり、物が与えられるのは労働とか犠牲とかへの報酬であるのだが、それは理屈や説明ではなく、挿し絵とテキストによって子どもの心に焼きつけられていくという。だが、この絵本には、神とか報酬とかいう字は一つも表れてはいない。エルサ・ベスコフの人生の苦悩の中で、彼女の魂に深く積み上げられた信仰と、勤労に対する信念と感謝が、言葉ではなく彼女の恵まれた絵の才能で表現され、見る人の心を打つものになったのだと納得がいったのである。

三　エルサ・ベスコフ伝記（スティナ・ハムマル著、抜粋）

エルサ・ベスコフの父方も母方も理知的な愛情豊かな商人の家族で、その中で彼女は裕福に育った。彼女の文学に一貫する限りない愛情は、その幸福な幼児時代にしっかりと根付いたものといわれる。最初の学校は、母方の叔母二人が経営する幼児学校（小学校の低学年学級）で、叔母の友人エレン・ケイの教育方針に拠っていた。次に入ったのがエレン・ケイたちが教師をしていたウィットロック男女共学学校で、エレン・ケイが受け持ちの教師であった。こうしてエルサは、教育の踏み出しからエレン・ケイの影響を受け、とくに当時の一般学校に当然のこととして普及していた宗教教育と社会のあり方には反感をもっていた。

エルサが一七歳のとき、父親は事業に失敗してから死んでしまい、彼女は母親と弟妹たちとともに母の実家へ引き取られた。絵が好きだったが、経済的理由から志望の

ウィットロック男女共学校

美術アカデミーへの入学はあきらめ、技術学校を出ただけで母校の絵の教師となって働きながら、子ども向けの雑誌や新聞に挿し絵を描いてアルバイトをした。

技術学校にまだ在学中に、美術アカデミー出身の若い画家ナタナエル・ベスコフに見初められ、かつ彼女の絵の才能が認められて熱心にプロポーズされたが、彼の家庭は代々牧師であったから、キリスト教に反感をもつエルサは受け入れるわけにはいかなかった。彼はその後、画業を捨てて神学を学び牧師になったが、それでもなおエルサへの愛情は募るばかりであった。

エルサの心は愛情と宗教との間で激しい葛藤にさいなまれたが、遂に愛情が勝って結婚を決心して、ナタナエルの父親から堅信礼を受け教会で結婚式を挙げた。牧師の妻となったエルサは、ここに相反する人生観の代表者である最愛の夫ナタナエルと、もっとも尊敬する師エレン・ケイの間に立って、深刻な魂の苦悩に喘いだのであった。事実エルサの結婚後も、エレン・ケイと夫ナタナエルとは激しく反目し、互いに認めようとはしなかった。エレン・ケイのほうは、エルサの立場を察して自分から関係を断ったが、エルサは思い余ると密かに叔母を通してエレン・ケイとの接触を続けていた。この状態は結婚後の一二、三年間も続いたが、この時期がエルサ・ベスコフ文学の最高潮であったとは普通の人間にはどうしたって信じられない。

　この間に、彼女がエレン・ケイへ送った手紙にはその苦しみを訴えているが、エルサ・ベスコフ作品にはその片鱗も見られない。彼女には魂の重大な苦悩を胸の奥深く沈めて、ナタナエルとの幸福な家庭生活を営むことができたのである。結婚の翌年長男が生まれ、それから一五年の間に男の子ばかり六人を産んだ。若いエネルギーと家庭の幸福感に満ちあふれた母親の温かい愛情と、子どもの心身についての鋭い観察と、それにベスコフ家周辺のこの上ない美しい自然環境から、あの芸術作品が次々と生み出されていったのである。

作品『茶色おばさん』が出現したシグトゥナの町の通り。(左・夫の信、右：筆者)

シグトゥナの町を描いたベスコフの作品の１ページ

四　エルサ・ベスコフの評価

ある評論家は言う。エルサ・ベスコフのように、健全なリアリズムと詩的ファンタジーと温かいユーモアと真の善意とを混合して表現することは、普通の人間には想像もおよばないことであるが、彼女はたくまずしてそれを成し得て人の心を勝ち取ってしまったのだ。彼女の作品が発表されるや、スウェーデン国内だけでなく、国外にも大きな反響を呼び、すぐさま数ヵ国語に訳出されたのであった。

またある人は、彼女とエレン・ケイの関係について、エレン・ケイの『児童の世紀』の理想を、似てもつかないまったく別の形で表現したのがエルサ・ベスコフ文学であると言っている。だが、苦悩については述べる人は一人もいない。

この伝記の冒頭にこう書いている。

「彼女の心の裏を書くことは彼女にすまないと思う。きっと書いて欲しくないのだろうから」

エルサ・ベスコフは大体年一冊の割合で、絵本または短編童話集を合計三三冊出版したが、傑作といわれるものは初期の一二年間に集中している。それは彼女の心の奥が一番苦しんでいた時期であり、また子どもが次々と生まれた家庭的幸福期の絶頂期とも重なる。エレン・ケイとナタナエルとがようやく理解し合えるようになって、エルサが心の重荷を下ろしたころには、彼女の絵も文章も詩も円熟してはいたが、人の心に訴える迫力は素朴な前期作品のほうにあったことは誰もが認めるところである。

彼女のために絶好のモデルであった子どもたちは成人し、次々に巣立っていってしまうと、残ったのはエルサとナタナエルの二人だけとなった。この老夫婦は、まるで二十代の婚約者同士のような新鮮な愛情をもち続けた。

一九五〇年、スウェーデンで制定されたニルス・ホルゲルソン賞は、一九五二年にエルサ・ベスコフに特別賞を贈った。その翌年、エルサは長年住み慣れた家で、夫と子どもたちに見守られながら静かに生涯を閉じたのである。

第五章　アストリッド・リンドグレンとトーベ・ヤンソン

一　アストリッド・リンドグレン

アストリッド・リンドグレン（一九〇七〜）は、第二次世界大戦から約三〇年経ったころ、急に世界的童話作家として人気が出た人である。彼女の出世作は題名からしてユニークな『長靴下のピッピ』で、自由奔放な一少女の物語であるが、出版直後からたちまち五〇ヵ国語に訳されたという。日本でも岩波書店が大東勇三氏訳で出版した。それまで、岩波書店は尾崎義氏の訳でリンドグレンは何冊も出していたが、尾崎氏の急逝により、この新刊を初めて大東氏に依頼したもので、スウェーデンの子どもの世界について、私は岩波書店より氏をお手伝いするように頼まれ、日本語版の解説も書かせてもらった。それがきっかけで、『長靴下のピッピ』の第一号をたまたま渡瑞する予定であった私に、リンドグレンに直接手渡す役を岩波書店から依頼された。

ストックホルムの宿から電話で打ち合わせた上で、私がラーベン・オ・ショーグレン社の中のリンドグレン事務所へ会いに行ったのは一九六四年（昭和三九年）の秋雨の降る日であった。濃茶の無地のワンピースに真珠のネックレスをした彼女の第一印象は、いかにもスウェーデン人らしい品のいい奥様であったが、話しているうちには穏やかながら鋭利な利発さがひらめいてきた。

第一の質問は、日本はスウェーデンとは人情風習などが大きく違うであろうに、果たして自分の書くものが理解されるのだろうかというものであった。ヨーロッパでは日本は、まさか「フジヤマ、ゲイシャ」ほどではなくとも、まだまだ理解されていないことを私もかなり経験していたつもりではあったが、彼女のこの質問には驚いた。私はすでに日本で出版されている彼女の『名探偵カッレくん』、『さすらいの孤児ラスムス』、『やかまし村の子どもたち』のそれぞれのシリーズが日本で好評であること、その訳者尾崎氏が長年家族ぐるみでスウェーデンに住み、スウェーデンと日本の子どもの世界に差のないのを知りつくしていることを説明した。すっかり安心した様子で、私が彼女と同年配で、孫の数も四人ずつということなどから打ち解けた会話がはずんだ。

それからあと数年経ってから、二度目に彼女を訪問したのはダーラガータンの自宅

『エミールと60ぴきのざりがに』の原書

であって、今度も彼女の『わたしたちの島で』の日本語版第一号を手渡すためであった。この本も尾崎氏が訳しておられたが、完成前に急逝され、仕上げを私がお手伝いしたために岩波書店から頼まれたのであった。そのころは、彼女のお気に入りの「エミール」のシリーズができ上がったときで、その舞台である世紀の替わるころの農村、すなわち実家の両親の話、エミールのモデルにした現実の孫の話など、彼女はそれはそれは上機嫌であった。やがて彼女は、「エミール」のシリーズ第三作『ざりがに』を持ってきて、目の前でサインをして私に手渡した。これはその翌日が発売日で、ストックホルム中、書店ばかりでなく駅のキヨスクまでも黄色いエミール本があふれるというほどの人気であった。

「エミール」のシリーズは講談社が受け持っていたので、そのとき帰国するや否や、講談社からこの第三作の翻訳の依頼を受けた。著者からサイン入りでもらったばかりの新本を、底本とする翻訳作業はことのほか楽しかった。

その後、アストリッド・リンドグレンには、もう一度会いたいと思うことがあった。ストックホルムの宿で彼女に電話をかけようとした朝の新聞に、彼女の写真入りの一ページいっぱいの記事が出ていた。読んでみると、それは税務署に宛てた彼女の大抗議文であった。彼女の昨年の全収入の一〇二パーセントに当たる税金を課してきたというものであって、抗議の仕方がまた面白かった。

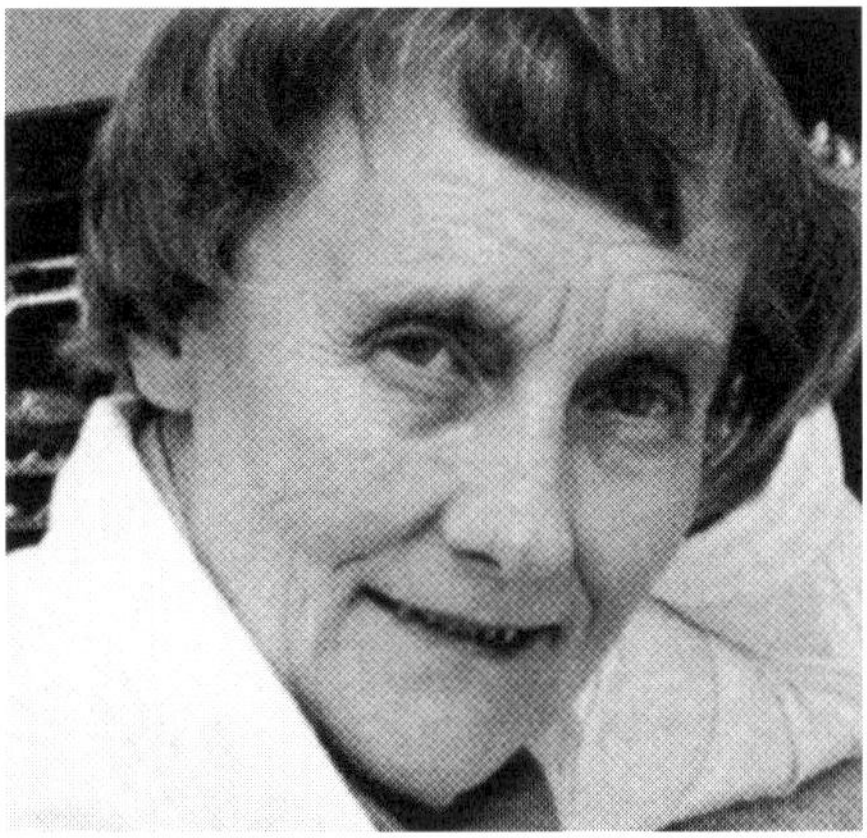

アストリッド・リンドグレン

「魔法使いが現れて、私の一年間の努力と成功と正直さを全部台無しにしてしまった上に、なお罰金まで課してよこした。この金を、政府は社会福祉に当てるつもりでいるのか？」

というきびしいものであった。私は恐れをなして、このときだけは彼女に会わずに帰ってきてしまった。

スウェーデンの税制では、個人所得の総合計額の八〇パーセントまでは税金として徴収できるが、それ以上は課税できないはずである。外国での収入が多い彼女の場合、あまりの複雑さから計算のミスがあったのであろう。それっきり、私は彼女と会う機会がなかったが、手紙のやりとりだけは続けている。

彼女は一九九一年に八四歳になったとき、現在執筆中の一冊を最後に筆を折ると宣言した。それまでに彼女の児童文学の作品数は七〇冊を超し、そのうちの主なものは日本語にも訳されて刊行されているし、世界中では五六ヵ国に訳されたといわれる。第二次世界大戦が終わり、日本でも大東亜戦争の終戦後、世界の大部分に平和がよみがえったあと、アストリッド・リンドグレンは世界中の子どもたちにどんなに明るい灯をともしたか分からない。その功績は何と大きいことだろう。一九四九年にニルス・ホルゲン賞、一九五三年にスウェーデン国家児童文学賞、一九五八年に国際アンデルセン賞が授与された。スウェーデン人たちは、次は彼女にノーベル文学賞が授与されることを期待している。

彼女の本が世界中で売れに売れているということは、彼女が大変なお金持ちになったことになる。彼女はそのお金で、ストックホルムのカロリンスカ病院の中に小児病院を建設して、小児科の難病専門病院とした。何という素晴らしいアイディアであろうか。これは「アストリッド・リンドグレン病院」と名付けられた。

私はあるとき週刊誌で、彼女がエレン・ケイのストランド荘を訪ねたことがあるという記事を読んだ。事の意外に、私は彼女に手紙を書いて真偽のほどを尋ねたところ、詳しい返事をよこしてくれた。

「エレン・ケイという偉い婦人がストランド荘に住んでいると聞いて、私は一度会ってみたいと思い、一七歳のときに友達を誘って家から一〇〇キロの道を歩いていった。やっとストランド荘に辿り着いて門から庭のほうに回っていったとき、エレン・ケイは二階のバルコニーで寝巻きのまま爪を切っているのが見えた。『誰だ』と、どなられた途端に大きな犬が出てきて足を噛もうとしたので、急に逃げようとすると、『玄関にお入り』と、またどなられて玄関に飛び込んだ。ケイは着替え半ばで階段を下りてくるところで、スカートのボタンをはめてくれと命じた。ボタンをはめながらふと見上げると、戸口の上の額の文句が目についた。『この日も生涯のうちの一日』」

この言葉は、少女リンドグレンの心に深い感銘を与えたものと思われる。彼女がのちに『わたしたちの島で』を書いたとき、マリーンの日記にこう書かせている。

「ときに人生は、数ある毎日の中から一日を選び出し、その日一日を希望と喜びと輝きに満ちあふれさせてくれることがある」

この翌年、エレン・ケイはストランド荘で死んだ。

あの辛辣な筆致でときの保守派と教会を攻撃したエレン・ケイを、あの和やかなユーモラスな文学で子どもたちを魅了しているリンドグレンが、すでに少女時代からあこがれていたとは容易に信じられない話である。ところが、「アストリッド・リンドグレンの全文学を通じて貫いているものは、エレン・ケイの真髄たる母心であって、それは彼女の『恋愛と結婚』や『児童の世紀』の底流をなしているものである」と、見抜いた人がいる。それは、トーベ・ヤンソンである。

二 トーベ・ヤンソン

一九六〇年の末ごろ、日本のフジテレビがムーミン物語を取り上げるや、ムーミンブームが沸き上がり、岸田今日子の「ネー、ムーミン」の甘い声が街中を流れ、子ども用の食器や履き物にやたらにムーミンの絵があふれるようになった。講談社が「ムーミン物語のシリーズ」の日本語訳を出すに当たって、『ムーミンパパ海へいく』と『ムーミンパパの思い出』の二冊を私にと言ってくださったのは北欧文学者の山室静先生であった。そのころの書店では、ムーミンシリーズが棚に収まらず、通路の床に積み上げて置いてあるほどの人気であった。私は翻訳を終えたとき、訳者としての挨拶の手紙をトーベ・ヤンソン（一九一四〜 ）に書いた。そうしたらこんな可愛い返事がきた。

「私は日本までムーミンが行ったのがうれしくて、一人でウォッカで乾杯しました。いつか日本へ行きたいとチャンスを狙っています。行ったら、いっしょに日本酒で乾杯しましょうね」

ヤンソンと私ども夫婦がヘルシンキでウォッカで乾杯するチャンスは、一九七〇年（昭和四五年）に早くも到来した。たまたま夫が商用でフィンランドへ行くことになって、ヤンソンに会うことができたのだった。あらかじめ手紙を出しておいたので、ヤンソンはヤンソン島からヘルシンキへ帰ってくれていた。彼女は冬を除いて一年の半分以上を、ヘルシンキ湾に浮かぶ無人の孤島で独り暮らしをしていた。母親の在世中は母親もよく島に滞在したが、その後は友達の画家がときどき訪れるだけとなった。島への往復はもちろん、日常生活の一切はモーターボートだけがたよりという中で、ヤンソンは「ムーミンシリーズ」そのほかの執筆をしたのである。

ヤンソンは、夏の野草だけの花束を抱えて私どものホテルの部屋に現れた。清楚な白の洋服の彼女のつつましさ、女らしいはにかみ屋ぶりに、ムーミン作家としてのイメージとは少し違う感じがした。彼女は、ホテルとはほど近い彼女の住居に私どもを

トーベ・ヤンソン

案内してくれた。彼女の父親は彫刻家であったので、アパートの二階をぶち抜いた天井の高いアトリエが彼女の住居だった。石膏の塑像がいくつか並び、彼女自身の油絵もかけてある大きなアトリエの中央に、小さな丸いテーブルに赤い布をかけて三人の席が用意してあった。シェリー酒とコップ三個、ポテトチップスにクッキーに一口洋梨などで、私どもはまず出会いの乾杯をした。壁に沿っては、びっしりと本が並んであった。

それから私どもは、ヘルシンキ港を見下ろすレストランに行って、北欧名物のザリガニをたっぷり御馳走になり、改めてウォッカで乾杯をした。そこで私どもは、彼女から日本のテレビのムーミンについての要望を聞いたのである。彼女はまず最初に、日本で放送されているムーミンはヴァイオレントすぎると言った。当時の日本では、文部省までが、強烈なアメリカものの多い中でムーミンは穏やかで教育的だと推奨していたものであった。それがヤンソンから見れば、あれでもまだ強烈と映ったのであった。「静かな北欧諸国」の中でも人口の少ないフィンランドの、しかも孤島で生まれたムーミンと、日本の文化との差をひしひしと感じた。

それから数年後、ヤンソンは画家の友達のトウテキーとともに来日した。私どもは我が家のコタツに二人を迎えて、日本酒で約束通りの乾杯を果したのであった。そのときの菊の葉の天ぷらが印象深かったとみえて、後日の手紙で、ヘルシンキの花屋の菊の葉も食べられるかといって質問をしてきた。

このときのヤンソンの来日は、講談社の招待であった。向ケ丘遊園地の野外舞台で、ヤンソンと大きな縫いぐるみのムーミンとが抱き合ってキスをしたシーンが忘れられない。フジテレビのスタジオで、岸田今日子ほかの日本人のムーミンテレビ一家とのインタビューや、朝日講堂の講演会では、場慣れしているはずと思っていたヤンソンが案外にはにかみ屋なのに驚いた。フィンランド大使の歓迎会を最後に帰途についたこの二人は、ハワイで一ヵ月間休養をしたという。彼女にとってエネルギッシュすぎる日本の空気は、さぞや彼女を疲れさせたのだろうと思われた。

彼女から一昨年手紙が届いた。「孤島の独り暮らしは危険だとみんなに言われるから、もうやめる決心をして、島を売りヘルシンキ住まいとなった」と書かれてあった。この便りは、私までもほっとさせるものであった。

彼女も一九五三年にニルス・ホルゲルソン賞を、一九六六年には国際アンデルセン賞を、一九九二年にはセルマ・ラーゲルレフ賞を受賞した。彼女の文学も、世界約四〇ヵ国語に訳されているという。

フィンランドは森と湖の国といわれるほど寒々としたところであるが、トーベ・ヤンソンはフィンランド湾の中の小さな岩の島に小屋を建て、冬を除く大半をそこに住んでいた。風と波の音しか聞こえない静寂の中で、果てしない青い海を眺めながら彼女が生み出したムーミン一家の物語なのであった。それがどうしてこの忙しい明るい日本で、こんなにも愛されもてはやされるのか、不思議といえば不思議である。しかもムーミン好きの日本人の年齢層の開きにも——子どもから大人まで——、どうしてこんなにと驚くばかりである。

ムーミン物語は、決して優しい子どもっぽい文学作品ではない。用語にしても思想にしても、あのおかしな姿形に見るような童話の範囲に収まるものではない。私自身が翻訳に当たって、その哲学的な思考と言葉を子どもにも分かるようにするにはどう表現したらよいか、どんなに困ったか分からない。それにもかかわらず、テレビ放送の影響も大きかったかもしれないが、子どもたちはストーリーに素直に引き込まれていったし、大人たちは文庫本の売れ行きでも分かるように、好んで読み込んでいるらしい。

ムーミンシリーズ八冊が第一版を出したのは昭和四四年（一九六九年）であるから、まもなく三〇年にもなろうというのに、日本での人気は依然衰えていない。講談社は、〝文庫〟と〝青い鳥文庫〟と〝ムーミン童話全集〟と、三種の異なった形で版を改め、三つの年代層に向かってアピールしている。

ムーミンが如何に日本人の気持ちに合うところがあるか、私のところにまた一つ新しい話が舞い込んだ。それは今年（一九九七年）の夏の始めである。埼玉県飯能市の市役所からの手紙で、同市の「あけぼの子どもの森公園」では、数年前からムーミン童話の精神を取り入れて、ムーミン谷を連想させる公園を整備しているといって、ムーミン屋敷や水あび小屋などの写真が貼ってあった。この度、ムーミン一家のメンバーのパネルに、それぞれの語録を展示したいといって訳者の私に同意を求めてきた。これほど年月を経ているのに、ムーミンがこれほど人気を失わず、むしろますます親しみたいという気を起こさせるとは、ヤンソンの天賦の才能としかいいようはなく、ただただ賞賛するばかりである。

「あけぼの子どもの森公園」
埼玉県飯能市大字阿須八九三－一
ＴＥＬ　〇四二九－七二－七七一一
開園時間：午前九時～午後五時
休園日：毎週月曜日（月曜日が祝日のときは、その翌日）

「あけぼの子どもの森公園」のパンフレットより

「あけぼの子どもの森公園」のムーミン屋敷

「あけぼの子どもの森公園」の水あびの小屋

第六章　ラトビアと私

一　ラトビアと私たち

夫が、ラトビア国駐在の陸軍武官に任命されたのは一九三五年（昭和一〇年）の秋であった。そのころ日本でラトビアという国名を知っている人は周りにはほとんどなく、瑞子の小学校の先生一人だけだった。そんなラトビアが、当時の日本陸軍にとっては旧ソ連の情報を得るための重要な場所であって、夫はすでに五代目の武官であった。

ラトビアとは、膨大なロシア領土の西の端に位置しており、バルト海に面したバルト三国の一国であり、北からエストニア、ラトビア、リトアニアと並んでいた。

歴史的には、一二世紀のころというだけではあるが、エストニア人、ラトビア人、リトアニア人の先祖がすでにこの地に住み着いていたといわれている。この三民族はそれぞれの言語と文化をもっていたが、この地はドイツ人、ロシア人、ポーランド人、スウェーデン人などの強力な民族の攻防の舞台であったため、いつの世も強い支配者に制圧されており、自己主張の余地はなく時が過ぎていった。同じように、最近まではロシアの支配下にあった。

それが一九一八年に、ロシア革命に乗じて三民族ともども独立戦争を起こして、遂に独立国家、エストニア、ラトビア、リトアニアを形成したのであった。史上初めての国家経営に三国は営々と励み、短期間のうちにそれぞれ見事な文化国家をつくり上げたのである。私どもがラトビアに住んだのは、一九三六年から三八年の間であって、この国が繁栄の頂点に達したときで、国際連盟にも加盟し、名実ともに堅実な文化国家を誇っていた。

私どもの住居はラトビアの首府リガにあったが、夫はのちにエストニアとリトアニアの武官をも兼任することとなり、この三国の事情にも通じるようになった。

ラトビア人の独立の喜びの象徴は、リガ市の中心地に建設された自由の塔である。これは国民の献金によって造られたものであって、完成に一七年を要したという。もう一つのラトビア人の自慢の種は、独立戦争の戦死者を葬る広大な陸軍墓地である。銅板に一人ずつの姓名と没年を記したのが二千人分、芸術的に美しく並べられている。

自由の塔

陸軍墓地

こういう墓地は世界に類がないといわれる。

建国に際して、もっとも力を入れた政策は、農業、とくに牧畜の振興と国民レベルの教育にあったが、建国二〇年のそのころに成果はすでに顕著に表れていた。優良なラトビアバターの輸出量は、スイスとデンマークに継ぐまでになっていた。幸いにも、私どもの在任中に大統領主催の全国農業祭があって、野外に用意された大鍋からサービスされたソーセージの味は天下一品であった。また、教育の一般普及度はヨーロッパでも珍しいほど高く、国民には教養があり、生活は豊かで、活気ある社会となっていた。

私どもが、独立二〇周年を祝う大統領官邸の大舞踏会に遭遇できたのも幸いだった。その華やかさは、ヨーロッパ文明の精華といわれたウィーンのそれに匹敵したものであった。リガは小パリといわれるほど、街行く人々のファッションは洗練されていた。帝政ロシアの伝統を受け継ぐ上品さと、ハンザ同盟都市の繁栄の活気に上乗せして、初めて独立国家を成した民族の歓喜とで、私どもの経験した二年間のリガ生活はこの上なく楽しかった。

ラトビア軍の中堅部には、昔の帝政時代の貴族の出身者が多かった。この国の地方に広大な領地をもつ誇り高いこの人々は、もともとの宿敵ソ連の事情には詳しいし、日本に対しては日露戦争以来好意的であったので、夫は仕事上まことに好都合であった。したがって、勤務は中央からも十分に評価され快い日々であった。

夫はまったくの単独勤務であったから、私は昼間いっぱいは夫の暗号電報作業を手伝い、また外交団のメンバーとしての社交活動にはパートナーを務めた。先代武官以来の有能な家政婦のおかげで、コックと女中の監督ばかりでなく家事一切から私は解放された。また、資格ある子どものナースも、先代ゆずりの人が節子と龍二の世話を引き受けてくれたのであった。それゆえ、私どもの最大の関心事は暗号文書の安全保持であった。互いに他国の暗号文書を盗むことには敏感であっただけに、我が家の使用人であっても、この点だけは信用するわけにはいかなかった。金庫は私どもの寝室兼居間兼私の作業室に置いて、一定の時間以上この部屋を空けるときには、最重要の書類は身につけて出るほかなかった。夫は燕尾服やタキシードの下の腹巻きの中、私は着物の帯の間に入れてパーティーに出席したのであった。

二　バルト三国の悲劇

夫の東京転任で私どもがこの地を去ってからわずか一年数ヵ月のうちに、ラトビアをはじめエストニアもリトアニアもが、悲劇のどん底に突き落とされるとは誰が予想できたであろうか。夫は二年後には再び駐スウェーデン公使館付武官となって、私どもはラトビアとはバルト海を隔てた対岸のストックホルムに住んだのだが、この三国の悲劇の実態は、当時は断片的にしか知ることができなかった。全貌を知ったのは第二次世界大戦の終わったあとで、文献によったのである。

悲劇は、一九三九年八月に突如として起こった。ソ連のモロトフ外相とドイツのリッベントロップ外相が秘密協定を結び、ポーランドを二国間で南北に分割占領するとともに、バルト三国をソ連領に組み入れる約束をしたのであった。それを当事国にはまったく知らせず、二国間で実行したのであった。ポーランドはいきなり南と北から攻められ、三週間で占領されてしまった。バルト三国に対しては、一方的にそれぞれの国とソ連との間に友好条約を結ばせた上で、一〇月には強制的に国民投票を実施して、国民は全員共産党一党政治を希望することにしてしまった。国民投票の結果と称して、スターリンは三国のソ連併合を宣言し、ソ連軍を進駐させ外交団を退去させた。

それから、大統領をはじめ閣僚や軍首脳部、各界の指導者はすべて逮捕され拉致され、生死のほども分からなかった。その次に起こったのがまさに恐怖作戦で、国民を無作為に逮捕して、反ソ分子のレッテルを張ってシベリアの強制労働収容所へ送ったのである。その数はラトビアで人口の三〇パーセント、エストニアで二五パーセント、リトアニアで一〇パーセント、と資料に明らかである。連れ去られたために減少した人数は、その分ロシア人を入植させることで補填されたのである。一九五三年にスターリンが死んでから、彼らをシベリアから帰したとソ連はいうが、大部分はあまりに非人道的な取り扱いのためにすでに死んでいたのであった。

私は一九四一年にシベリア鉄道でストックホルムに行く途中、家畜輸送車両に老若男女が立ったままぎっしりと詰め込まれている光景をいくつも見たが、まさかあれがバルト諸国の人々であったとは思いもよらなかった。ストックホルムに着くと、バルト諸国の人々がリュックサック一つで小舟を漕いでバルト海を渡り、スウェーデンへ多数逃げ込んでくると聞かされた。スウェーデンはその人々を収容所に温かく受け入れ、衣類を与え、希望国へ出国するまで、またはここで就職が決まるまで世話をした。私どもはここストックホルムで、バルト諸国に住んでいたときの友達がバルト海を小舟で渡ってここまで逃げてきたのと思いがけない再会をして、悲劇の話を直接聞くことができた。

バルト三国の運命は、ソ連に合併されてからわずか一年経つか経たないうちに二転した。ヒットラーがソ連との友好条約を破って大挙してソ連国境に進攻し、バルト諸国をも占領したのであった。

国民は、ドイツは救世主かと歓喜して、娘たちはドイツの進駐軍に花束を贈った。ところが、ドイツの行ったことはユダヤ人狩りであった。それまでバルト三国では、ユダヤ人はそれぞれの民族の中に融け込んでいたものを、ドイツ人の徹底さは先祖にまで遡ってユダヤ系市民を捜し出して収容所に入れてしまった。しかし、ドイツのバルト三国占領は長続きはしなかった。ドイツが独ソ戦に敗れたのち、三国は再びソ連領に取り返された。完全にソ連体制下の共和国に入った三国からは、独立時の面影はまったく消え去った。さしも栄えた農業はコルホーズ（集団農業）とソホーズ（国営農業）に変わり、工業もすべて国有企業となって産業能率が下がり生産は半減したといわれるが、もともと優秀な民族は、それでもなおソ連のほかの共和国の平均を上回る生産を上げていた。中央政府は生産の上限を定めて、それ以上の余剰生産はピンハネして各民族を貧困に追いやった。

公用語も学校教育もすべてラトビア語は用いられず、ロシア語だけとなった。ラトビアは三国のうちで一番人口が多く、文化的にも一番高い優秀な民族なので、ソ連はラトビアを目の敵として民族の絶滅を図ったといわれる。そのため、ソ連が無作為に選んでシベリアへ連行したラトビア人の人数も三国のうちで一番多かった。そして、連行した人数に見合うロシア人をソ連から送り込んだ話については、ある有力者から直接聞いた話がある。あらゆる工業の発達していたラトビアの工場を、ソ連はすべて繊維工場に改変して、全ソ連邦で使用する赤旗の生産をさせた。そのための女工には、本国からロシア人の娘を連れてきて、工場に隣接して建設した兵営に駐留する兵士との結婚を図ったというのである。ラトビアはソ連本土に比して生活程度が高く居心地がよく、ロシア人の人口はずんずんと増加していった。

一方、ラトビア人の青年男女は悲観のあまり、結婚も出産も拒否する者があって、一九七〇年から七九年の間の人口増加は、ラトビア人はわずかに二千人だったのに比べて、同期間のロシア人のほうは一一万六千人の増加であった。

三　亡命者

一九三九年にソ連軍がラトビアに接近してきたとき以来、国外へ亡命したラトビア人の数は二〇万とも三〇万ともいわれる。裕福なラトビア人であったが、将来の希望を失ったので全財産を捨て、非人道の手を逃れるために国外へ逃げたのであった。うち五千人はバルト海を小舟でスウェーデンへ、一万六千人が海路または陸路をドイツへ逃げ、その先は世界中へ散らばっていったといわれるが正確な実数は不明らしい。

北米、南米、カナダ、ヨーロッパ、オーストラリアと散り散りになったラトビア人の結束力は強かった。亡命先の各地で善良な市民となり安定した生活を築きながらも、ラトビア人の誇りをもちつづけ、各地にラトビア連盟をつくった。その証拠に、どこの国に落ち着いたラトビア人も、子どもを土地の学校に入れて義務教育を受けさせながら、週末にはラトビア人家庭に子どもを集めて、母親たちでラトビア語およびラト

マーラ・シマニス（右）と著者

ビア教育をしたのであった。

　世界各地のラトビア連盟を統合していたのが、ニューヨークのラトビア中央連盟であった。その長は、一九三九年に早くも亡命したビタウス・シマニス夫妻であった。私どもが夫妻の娘のマーラ・シマニスと東京で知り合ったのは一九八〇年であった。マーラはアメリカ生まれのアメリカ国籍、大学を出て教師をしているうちに、岩手県胆沢町の女子高校がアメリカに英語教師を求めたのに応募して来日した。約束の期限三年が満ちてアメリカに帰る前に、私の『バルト海のほとりにて』（共同通信社刊）を読んで、かつての駐ラトビア武官だった小野寺夫妻に会いたくて連絡してきたのであった。

それから私とマーラの文通が始まったのであるが、マーラはアメリカから送ってくれる手紙のあとはドイツから送ってくるようになった。ドイツのミュンスターには、世界中に散らばったラトビア人亡命者たちのために高校生の子どもを受け入れる全寮制の高等学校があり、マーラはそこの教師となったのであった。ラトビア人の亡命者たちは、子どもが土地で義務教育を終えると、高校入学に際しては世界のどこからでもドイツのこの学校に送るほど民族愛にあふれ、また裕福な成功者であることに私どもは感じ入った。やがてマーラは、生徒を連れて修学旅行にラトビアへ行ってきたと便りをよこした。

次にはマーラはリガに入り、雑誌記者となってラトビア独立運動に加わっていると言ってきた。そして、ゴルバチョフによるソ連崩壊とともに私にきた電報は、一九九一年八月二七日、「独立ラトビアからの挨拶　日本の承認ありがとう　マーラ」であった。

私はすぐに返事を「ラトビア人の努力の成功おめでとう」と打ってから、九月七日になって、「五一年振りにはためくラトビア国旗、万歳　百合子」と電報を打った。

四　五六年ぶりのラトビア

この国の繁栄の時代を知る者として、私は独立後の現代を知りたいと思い、空恐ろしさ半分懐かしさ半分で、娘の節子とリガを訪れたのである。昔に変わらぬ美しい街並みを目にしたとき、何はともあれ嬉しかった。ダウガワ川の対岸から眺めたリガ市のパノラマは、五六年前の絵はがき通りだった。

私と娘を空港に迎えてくれたのは、外務省勤務となっていたマーラ・シマニスであった。マーラに迎えられた私と娘が驚いたのは、独立後まだ二年半にしかならないというのに、リガの街には戦争の跡形もなく、街路樹は緑濃く、中世の石造りとレンガ造りの建物が並ぶ昔のままの美しい都市であったことである。

マーラは私どものために、三泊四日の旅のスケジュールを渡してくれた。その夜、私どもはホテルでマーラと、彼女の外務省の同僚というマイラ・モラから夕食の招待

リガの絵葉書（1936年頃）

マイラ・モラ（左手前）

を受けた。マイラとは初対面であったが、その年の初めに、私は彼女から感動的な手紙をもらっていたのだ。前年の五月、チロルで夏休みの登山中に急死した次男龍二を悼む文面である。

「昨年の四月、私はザルツブルグで催された国際セミナーに参加しました。八〇人ほどの小さな集まりで、夕食は講師も聴講者も自由席でした。私は、隣に座ったその日の講師だった日本人に何気なく話しかけました。『リガを出る直前に、ラトビアの新聞にこんな記事がありました。〝半世紀前に我々の国に住んだ日本の外交官夫人が出版した本によれば、その若い夫人は六ヵ月の赤ん坊と三歳の娘を連れて、はるばる夫のもとへやってきた、というものです』。するとその日本人は、『その赤ん坊は僕です。その本を書いたのは母です』と言うではありませんか。駐オーストリア大使小野寺龍二氏だったのです。彼と私は、セミナーの期間中いろいろな話をしました。

暮れになって年賀状を出そうとして、同僚のマーラから思いもかけない令息の訃報を聞いたのです。ここに心からお悔やみを申し上げます」

私も龍二から、生前最後の手紙を受け取っていた。

「ザルツブルグのセミナーには、バルト三国からの参加者も何人かいましたが、中の一人が、お母様の『バルト海のほとりにて』のラトビア語訳について話しかけてきました。その赤ん坊は僕だと言ったらびっくりして、世界は狭いものだと話し合いました」

その夜、娘と若い女性たちは、この国が目下かかえている問題について熱っぽく語り合った。この旅先で、こんな光景を見ようとは思ってもいなかった。ソ連は一九四〇年にラトビアを合併して以来、軍隊を常駐させたままだったので、独立を達成したラトビアは軍の撤退をロシアに要請し続けていた。いよいよ翌日には、モスクワでエリツィン大統領とウルマニス大統領との間で撤兵協定の調印式が行われるというのである。随員として、マイラはモスクワ入りをするというのであった。

マーラの案内で私どもは、著名な女流経済学者ヴァレリヤさんを訪れた。彼女のアパートは郊外のロシア人団地の中にあった。所々ペンキのはがれた壁づたいに危なっかしい階段を五階まで上りつめ、ベルを押すと出てきた上品な老婦人がラトビアで私のたった一人の既知の人であるとは、一枚の写真を見せられるまで夢にも思わなかった。その写真はすぐに分かった。時は一九三七年で、ところはリガの日本の公使館付武官室、すなわち我が家のサロンであった。私どもが夫の秘書ニーナのために彼女とその親戚や友達を招いたときの写真であって、私ども夫婦も子どもたちも和服姿、客人たちは民族衣装を着ている。ヴァレリヤさんはニーナの親友であった人で、写真の真ん中に愛くるしく写っている。ヴァレリヤさんが激動の中をシベリアの果てまでも肌身離さず持ち歩いた一枚の写真の中の生き残りの三人、ヴァレリヤさんと私と節子の三人が、五六年ぶりの再会をこうして果したのであった。マーラを含んで私どもは感激のあまり声を失い、ヴァレリヤさんの話に聞き入るのが精いっぱいであった。

彼女の語るところによれば、ラトビアにソ連の最初の侵入のとき、日本武官室に勤めていたニーナは早速捕まえられそうになったので友人たちが彼女をかくまい、アメリカ公使館員と結婚させた上でアメリカへ逃がしたというのが第一話であった。

ソ連の二度目の侵入でヴァレリヤさんの夫は射殺され、彼女は家畜輸送貨車でシベリアへ送られた。ロシア語が堪能だったために事務職に回され、何年か後に生きて祖

1937年のリガのわが家のパーティー。私たち家族の間に座っているのがヴァレリヤ。

上の写真のうちの３人が56年ぶりに再会を果たす（右がヴァレリヤ）

国に帰れたのは幸いというべきだが、もはや生活基盤はすべて失われており、台所と一間きりのロシア人のための住宅団地にしか住めなかったのである。狭い室内には物がいっぱい積み上げられていたが、招じられたソファの周りには絵や絵皿がつつましく飾られていた。

マーラのおかげで、短い滞在期間に私どもは多くの人に出会い、多くの場所を訪れることができた。

リガの中心部は、私どもの泊まったホテルを除いては目立つ新しい建物は見当たらず、私どものいたころのリガそのままで、何世紀も経た彫刻をほどこした石造りやレンガ造りの家々は堂々と威容を保って並んでいた。このホテルは、ソ連がラトビアを占領中、ソ連軍将校の宿泊用に新築したものと聞かされた。市中は道路も公園も整然と掃除が行き届き、伝統ある西欧都市の面目に乱れはなかった。元の日本公使館は今は結婚式場になっているとかで、建物だけでなく立ち木も植え込みも手入れがよく、当時の佐久間公使夫妻が今にも出てこられそうであった。昔の陸軍武官室は、建物は昔のままで、入り口も階段も扉まで少しも変わっていないのに喜んで入ってみたら、間中は全然別物であった。家主が死んでからリガ大学薬学部になったということで、間

旧日本公使館

セント・ピーター教会
の塔の修理

仕切りも昔の面影はとどめていなかった。

だが、この住所が「教会通り」といった名の通り、突き当たりの教会は美しいレンガ造りの姿そのままであった。中に入ってみると、がっちりとした木の祭壇も説教台もベンチもあのまま今日まで使われていたのかと思われるほど、昔のたたずまいであった。「宗教は阿片だ」といったキリスト教弾圧の共産党が占領していたリガであるから、教会の役目を果たしていたとは思われないのに不可解であった。共産党は、リガ最大のドーム教会堂をはじめ、すべての教会を閉鎖したり、博物館にしたり、集会所にしたりして宗教活動を厳禁したというのに、よくも破壊されずに、また損傷さえしなかったものだと思う。リガの象徴だった美しいセント・ピーター教会の塔だけは、古い木造だったためにソ連軍の砲撃にあって炎上した。だが、ラトビア人たちは戦後、鉄とコンクリートでまったく元と同じ形のものを再興したのである。今日のリガの絵はがきも昔の絵はがきも、中心にはセント・ピーター教会の塔がまったく同じに聳え立っていて、塔の受難も復興も歴史の彼方である。

昔の大統領官邸も、リガでは重要な建物である。ソ連軍は侵入してきて大統領ウルマニスを拉致したあと歴史博物館にしたそうで、今日もそのままになっているということである。

城といえば、リガ市はもともと頑丈な城壁に囲まれた都市であったので、その石積みの城壁の一部が所々に残っており、濠は現代の運河とつながり、水と緑の美しい公園となっていた。散歩したり子どもを遊ばせたりした公園が昔のままなのは、娘の記憶が明らかにしてくれた。

だが、一番の驚異は、自由の塔が寸分違わずその場所にそのままの姿で立っていることであった。塔は前の独立の喜びの結果ではあったが、製作に時間がかかり完成したのは一九三五年というから、私どもが初めて見たのは完成の翌年の真新しい塔であったのだ。ラトビアの三地方を象徴する三つの星を天に向かって捧げる女神を、今回見ても昔のままの新しさで見上げることができた。苦難の時代中もこの塔がここにあったことは、ラトビア人にとって再び独立への希望をもちつづけるためにどんなにより励みであったことかと思われる。

次には、一見手つかずの陸軍墓地にも驚いた。これはラトビア独立の精神の拠りどころであったはずだから、ソ連がよくも完全な形で残したものだと思ったので聞いてみたら、やはりそうではなかった。ソ連は再度のラトビア侵入後、一九四五年にこれ

陸軍墓地の正門

を壊せと命じたが、ラトビア人たちは抵抗してついに壊させなかったのだという。その代わり、ソ連は墓地の正面に立つ女神像からも門からも十字架をはがし取り、独立の達成を神に感謝するラトビア人の魂を冒涜したというのである。また、墓地の女神像に近い区域の墓を掘り起こさせて、ソ連の高級将校の墓にしたという。

ハンザ都市として栄えた旧市街の優雅な木造の建物は、ほとんど元の姿のままと思われる。自然石の狭い車道と歩道を区切る長い石にも、それに一様の彫りのあるのにもリガの健在を確認した思いであった。

リガ旧市街の木造住宅地

リガ旧市街の車道と歩道の分岐石

五　ラトビアのかかえる問題

私どもは、幸運にもちょうどよい時期にリガを訪れた。私どもがマイラに会った日の翌日、彼女はロシア軍のラトビア撤退協定の調印に、モスクワへ行く大統領のお供をすると言っていたが、さらに一日おいてから「行ってきました。無事に終わりました」と、上機嫌で会いにきてくれた。

ラトビア国に駐留していたロシア軍というのは、ソ連がドイツからバルト三国を奪い返した一九四五年以来、常駐させていたのであった。兵舎は恒久的に構築され、兵士は退役後もソ連国籍のままこの地に定住するように仕向けられていた。

こうして約半世紀が経過したのであったが、一九九一年に、突如としてバルト三国は独立をしたのであった。三国は当然最初に、ロシア軍の撤兵を要求した。ところがこれは、ロシアがすぐに承知することのできない難題であった。三国に軍隊を常駐さ

ロシア人団地

せることは、ソ連時代にでき上がった国の体制であったのだ。今、急に引き取れといわれても、それはロシアにとっては住宅も職もない新しい人口を受け入れることになるので不可能である。そこでアメリカとスウェーデンが、彼らのための住宅建設を負担すると申し出てきたので、ロシアはようやく撤兵問題を承知した。

私は先のラトビア旅行で、ロシア軍兵舎の周囲を一巡したが、広大な面積をたった一ヵ所の出入口を除いて高いジュラルミンの塀で完全に囲ってあり、内部をかいま見ることもできない厳重さであった。長年にわたってこんな不気味なものを抱えたラトビア人の鬱陶しさを察しずにはいられなかった。

次は、ラトビア国内に住むロシア人の問題である。ソ連がラトビアを占領してから、ソ連本国からラトビアに連行されてきたロシア人の数は、シベリヤへ移されたラトビア人の数に見合うだけの人口の三分の一と発表されている。それが半世紀の間に、国の人口はラトビア人半分、ロシア人半分となってしまった。

ラトビア国は独立してからの最初の国会では、六月二二日に新しい国籍法を通過させた。これによれば、シベリヤへ移住を強制させられたラトビア人の代わりに入植してきたロシア人とその子孫には、ラトビア国籍は取らせないというのであった。この決議に怒り出したのはロシア人たちであった。

ロシア人は、自分たちが好きでラトビアに来たわけではない。国策で連れてこられたのに、この地が独立したからといって無国籍者にされるわけはないというのである。だが、ラトビア人にしてみれば、半世紀にわたる恨み骨髄のソ連への思いは、今目の前でラトビア人から孤立してロシア人団地で勝手に暮らしているロシア人にぶつけるほかはないのであって、国籍などやるものかとの勢いである。

だからといって、これは捨ておくわけにはいかない重大な人権問題である。そこで心配したのが、アメリカのクリントン大統領であった。国際会議への出席の途上でリガ市へ飛んで、バルト三国の大統領を並べて、国籍問題は重大であり、国際紛争の火種になりかねないから、それぞれの国で穏やかに処理されたいと要望した。ラトビア議会ではこの問題を検討し直して、一定年限ラトビアに住んでいるとか、ラトビア語が話せるとかの条件を設定し、将来に向けて国籍取得が容易になるように決めた。ソ連の支配下では、小学校でもロシア語しか教えなかったのにもかかわらず、家庭内でラトビア語を子どもに存続させ通したラトビア民族の心意気が、今日の再独立を果たさせたことになったのである。

ラトビア人が過去の歴史を冷静に受け止めるならば、「平等と公正を、ロシア人にも」と、訴えたアメリカ大統領の言葉の意味を生かすことになるであろうが、問題の解決は決して容易ではない。

昔のままの民主主義の文化国家を取り戻したラトビア人に対して、現在の団地住まいのロシア人たちはあまりにも違いすぎる。両民族が一つの国家の国民として共存するためには、双方が何としても歩み寄る努力をしつづけるよりほかはないのではなかろうか。

あとがき

九〇歳をすぎてから、もう一冊本が出せてしまったとは、思いもよらなかった喜びである。九〇歳まで生きるとさえ予期しなかったのに、どうして本までできてしまったのだろうか、我ながら驚いている。それは一にも二にも私の環境がそれを可能にしてくれたのだ。どっちを向いても感謝ばかりである。分けても私の身辺をこのように保つために一番身近にいる駿一夫婦には、朝に夕に無言の世話になっているのだ。二人は、私が今日この本を書き上げる背景にいて、黙って見守っていてくれた配慮が、まずもって私にはありがたかった。

自分にとって長かったか短かったかは知らないが、月並みに言えば、殊の外長かった来し方を思い返すと、この静かな時間を満喫させてもらって「ありがとう」と言える幸せ、これ以上の何があるだろう。

それに、瑞子夫婦も節子夫婦も、よく何も文句を言わないで黙って見守っていてくれた。何が私にとって最上かをちゃんと心得て、自由にしておいてくれた気遣いに感謝する。

龍二とは、早く別れるだけの名残惜しさを、神様は彼が生まれたときから、兄弟のうちでも一番長く私の身辺に置いてくださって、思い出の中で溌剌と私を守らせてくださる。

子どもたちに支えられてでき上がったこの本を、私は自分で持って、子どもたちの父のもとに届けたいと思っている。

一九九八年　一月

小野寺百合子

著者紹介

小野寺　百合子（おのでら・ゆりこ）

（1906～1998）

東京女高師附属高女専攻科卒。スウェーデン社会研究所顧問。

二男二女の母、スウェーデン児童文学書の翻訳などを手かげる。

著書に『バルト海のほとりにて』（共同通信社）ほか。

訳書として『ペレのあたらしいふく』（福音館）、『ムーミンパパ海へいく』（講談社）、『恋愛と結婚』（新評論）など。

新装版
バルト海のほとりの人びと
――心の交流をもとめて――

（検印廃止）

1998年3月31日　初版第1刷発行
2016年7月30日　新装版第1版発行

著者　小野寺百合子

発行者　武市一幸

発行所　株式会社　新評論

〒169-0051
東京都新宿区西早稲田3-16-28
http://www.shinhyoron.co.jp

電話　03(3202)7391
FAX　03(3202)5832
振替・00160-1-113487

落丁・乱丁はお取り替えします。

定価はカバーに表示してあります。

印刷　フォレスト
製本　中永製本所
装幀　山田英春

Printed in Japan
ISBN978-4-7948-1047-2